한국사 뛰어넘기 5

열다 지식을 열면, 지혜가 열립니다. 나만의 책을, 열다.

한국사 뛰어넘기 5
강화도 조약부터 **광복** 이전까지

초판 1쇄 발행 2017년 03월 15일
초판 9쇄 발행 2024년 09월 06일

글 송영심   **그림** 민소원 정인하
발행처 주식회사 스푼북   **발행인** 박상희   **총괄** 김남원
편집 길유진 김선영 박선정 김선혜
디자인 권수아 정진희   **마케팅** 박미소
출판신고 2016년 11월 15일 제2017-000267호
주소 (03993) 서울시 마포구 월드컵북로6길 88-7 ky21빌딩 2층
전화 02-6357-0050(편집) 02-6357-0051(마케팅)
팩스 02-6357-0052   **전자우편** book@spoonbook.co.kr

ⓒ송영심 2017
ISBN 979-11-960102-4-9 (74910)
ISBN 979-11-960102-3-2 (세트)

* 저작권법에 의하여 한국 내에서 보호를 받는 저작물이므로 무단 전재와 무단 복제를 금합니다.
* 잘못 만들어진 책은 구입하신 곳에서 바꾸어 드립니다.

제품명 한국사 뛰어넘기 5 | **제조자명** 주식회사 스푼북 | **제조국명** 대한민국
전화번호 02-6357-0050
주소 (03993) 서울특별시 마포구 월드컵북로6길 88-7 ky21빌딩 2층
제조년월 2024년 9월 6일 | **사용연령** 10세 이상
※ KC마크는 이 제품이 공통안전기준에 적합하였음을 의미합니다.

⚠ **주 의**
아이들이 모서리에 다치지 않게 주의하세요.

5

강화도 조약부터 광복 이전까지

한국사 뛰어넘기

글 송영심 · 그림 민소원 정인하

열다

근대 국가를 세우려는 선열들의 노력과
치열한 독립운동이 펼쳐졌던 역사 속으로!

나라 안팎으로 어려움을 겪던 1860년대에 강력한 정치가가 등장했어. 그가 바로 제26대 임금인 고종의 아버지 흥선대원군이야. 흥선 대원군은 왕권을 바로 세우고 국가 재정을 튼튼히 했어. 하지만 나라의 문을 굳게 닫고 열지 않아서 우리나라가 근대화되는 시기를 늦추었지.

흥선 대원군이 물러난 후 조선은 나라의 문을 활짝 열었어. 이 땅에 신문물이 쏟아져 들어오면서 전신과 전화, 철도, 전철 등이 놓였지. 근대식 병원과 신문사, 학교도 세워졌어. 어느 나라에도 뒤지지 않는 근대 국가를 수립하기 위해 애쓴 조상들의 모습이 머릿속에 그려지지 않니?

조선은 새로운 문물을 배우기 위해 일본과 청나라, 미국 등으로 사절단을 보냈어. 하지만 안타깝게도 조선을 노리는 강대국들의 틈바구니 속에서 근대 국가를 수립하려는 노력은 번번이 실패로 돌아갔지. 급진 개화파가 일으켰던 갑신정변도, 전봉준이 이끌었던 동학 농민 운동도, 관민 공동회를 열어 의회를 만들려고 했던 독립 협회의 노력도 모두 보수 세력이나 다른 나라의 개입으로 실패하고 말았어. 그러다 조선은 1910년 의병 항쟁이나 애국 계몽 운동을 벌

인 보람도 없이 일본에게 국권을 빼앗겼어.

그러나 일제의 지배를 받았던 35년 동안 우리는 끊임없이 자주 독립운동을 펼쳐 나갔어. 그러한 노력이 활화산처럼 터져 나온 것이 3·1 운동이야. 3·1 운동을 벌인 이래 나라 안팎에는 커다란 변화가 일어났어. 나라 안으로는 민족 문화와 경제를 지키려는 운동이 펼쳐졌고, 나라 밖으로는 대한민국 임시 정부가 수립되고 만주와 연해주 등지에서 무장 독립 투쟁이 펼쳐졌지.

5권에는 근대 국가를 수립하고자 했던 선열들의 힘찬 움직임과 일제에 맞서 굳세게 저항했던 애국의 열기가 가득하단다. 너희들도 이 책을 읽으며 대한민국을 위해 어떤 일을 하는 사람이 될지 생각해 보렴. 너희 모두가 나라를 사랑하는 뜨거운 애국심을 갖고, 안중근, 안창호, 김구, 신채호 선생처럼 민족을 이끄는 지도자가 되어 역사에 빛나는 별이 되기를 희망해 본다.

송영심

차례

① 흥선 대원군이 정권을 잡다 · 8
답사 여행 **강화도의 군사 시설**

② 준비 없이 열린 빗장, 나라의 문을 열다 · 22
만화로 보는 보빙사 이야기 **처음으로 미국에 간 보빙사**

③ 근대 국가를 수립하려는 운동이 일어나다 · 34
전시회 **우리나라의 상징, 태극기의 역사**

④ 동학 농민 운동이 일어나다 · 46
집강소 방문 취재기 **사발통문과 집강소**

⑤ 외세를 물리치고자 대한 제국을 세우다 · 60
집중 탐구 **독립신문 창간과 첫 논설**

❻ 국권을 지키려는 운동이 일어나다 • 74
헤이그 특사 따라잡기 **헤이그 특사의 여정**

❼ 눈이 번쩍 귀가 번쩍 신문물이 들어오다 • 88
신문 스크랩 **개화기에 일어난 변화를 찾아라!**

❽ 일제 강점기가 시작되다 • 104
만화로 보는 역사 **소리 없이 강했던 비밀 결사**

❾ 나라 안에서 활화산처럼 독립운동이 일어나다 • 118
항일 문학 수첩 **독립을 노래한 항일 문학**

❿ 나라 밖에서 불꽃처럼 독립운동을 펼치다 • 130
인물 박물관 **의사와 열사**

**1866년
병인양요가 일어나다**

1876년
강화도 조약이 맺어지다

1882년
임오군란이 일어나다

1887년
경복궁에 전기가 들어오다

1894년
동학 농민 운동이 일어나다

1895년
단발령이 내려지다

1905년
을사늑약이 맺어지다

1 흥선 대원군이 정권을 잡다

1863년 어린 고종을 대신해 아버지인 흥선 대원군이 정권을 잡았어. 대원군은 세도 정치로 추락한 왕권을 바로 세우고 국가 재정을 마련하기 위해 개혁의 칼날을 휘둘렀지. 경복궁도 왕권을 높이기 위해 이때 다시 세운 거야. 밖으로는 서양 사람들이 배를 타고 와서 통상을 요구했어. 대원군은 나라의 문을 굳게 닫아걸었어. 이 과정에서 프랑스, 미국과 전쟁을 치르기도 했지. 나라 안팎으로 어려웠던 시절, 흥선 대원군은 어떻게 헤쳐 나갔는지 함께 알아볼까?

1910년
한·일 병합 조약

1919년
3·1 운동이 일어나다

1932년
윤봉길 의사 의거

강력한 개혁 정책을 편 흥선 대원군

1863년 열두 살밖에 안 된 고종이 왕위에 올랐어. 고종은 흥선군 이하응의 둘째 아들로 어릴 적 이름은 명복이었어. 조선 제25대 왕인 철종은 왕위를 이을 아들을 남기지 못하고 눈을 감았는데, 왕실의 가장 큰 어른인 조 대비가 명복에게 왕위를 잇게 했지.

"어험, 이제부터 내가 섭정을 하겠노라."

섭정이란 왕이 나이가 너무 어려서 정치를 할 수 없을 때 왕 대신 나라를 다스리는 일을 말해. 그동안 흥선군은 세도 정치를 펴던 안동 김 씨들로부터 갖은 수모를 당했는데, 이제 섭정을 하면서 권력을 손에 쥐게 된 거야. 그리고 왕의 아버지를 일컫는 호칭인 대원군이라 불리게 되었지.

사실 명복이 왕이 될 수 있었던 것은 대원군이 안동 김 씨 세력을 몰아내기 위해 철종이 죽기 전부터 조 대비를 찾아다녔기 때문이야. 조 대비는 당시 궁궐에서 가장 높은 어른으로, 후사가 없는 철종이 죽으면 후계자를 결정할 수 있는 위치에 있었어. 흥선 대원군은 안동 김 씨를 몰아내고 싶어 하는 조 대비의 마음을 알아채고 대비와 손을 잡았던 것이지.

"이제 집안이나 지방색을 가리지 않고 인재를 뽑겠다."

"권력을 독점하고 있는 비변사를 축소하고 의정부의 힘을 회복하겠다."

대원군은 안동 김 씨 세력을 내몰기 위해 능력에 따라 인재를 뽑았어. 또 비변사의 힘을 약화시켰지. 비변사는 높은 관리들이 모여 중요한 나랏일을 논의하는 정치 기구야. 그동안은 워낙 힘이 강해서 왕이 마음껏 정치를 펴기가 어려웠지. 대원군의 개혁은 여기서 그치지 않았어. 백성들의 부담을 덜어 주려고 양반들에게도 군포를 내게 한 거야. 군포를 내지 않던 양반들에게는 날벼락 같은 얘기였지. 양반들은 모이기만 하면 흥선 대원군에 대한 험담을 늘어놓았어.

하지만 그건 시작에 불과했어. 흥선 대원군은 "백성을 해치는 자는 공자가 다시 살아난다 해도 용서하지 않겠다."며 서원을 47개소만 남기고 문을 닫게 했어.

서원은 학식이 높은 성리학자들의 제사를 지내면서 성리학에 대해 깊이 공부하는 곳으로 유생들의 자부심 그 자체였어. 나라에서는 학문을 장려하고자 서원에 토지를 주고 세금을 면제해 주었지. 이런 서원은 조선 후기에 이르러 600여 개로 늘어났어. 나라 살림에 큰 부담이 된 것은 물론이고, 지역 농민들에게 제사 비용을 강요해 처음의 설립 의도와는 달리 부패했다는 원성을 들었지.

그런 서원을 흥선 대원군이 없앤 거야. 유생들은 이 소식을 듣고 펄펄 뛰며 흥선 대원군을 원망했어. 반면 백성들은 흥선 대원군을 좋게 평가했지.

"대원군은 훌륭한 분이세요. 탐관오리도 벌주시고, 환곡을 없애고 어려운 백성들에게 곡식을 공평하게 빌려주도록 사창 제도를 만드셨잖아요."

백성들은 나라 살림을 안정적으로 꾸리고 백성들의 삶을 안정시킨 흥선 대원군을 입을 모아 칭송했단다.

군포
16세기 이후 병역을 면제해 주는 대신으로 나라에서 받던 베를 가리켜.

공자
중국의 대학자로, 유학의 문을 처음 열었어. 유교를 믿는 조선의 양반들이 가장 존경하는 인물이었지.

환곡
형편이 어려운 백성에게 봄에 곡식을 꾸어 주었다가 가을에 갚게 하는 제도인데, 관리들의 부정부패가 많아서 백성들을 힘들게 했어.

이웃 나라와의 통상을 금하노라

흥선 대원군이 다스리던 때에는 이상하게 생긴 배들이 들어와 조선 사람들을 불안하게 했지. 이런 배를 이양선이라고 불렀어. 이 무렵 서양 사람들은 이양선을 타고 우리나라를 비롯해 중국과 아시아 여러 나라에 나타났단다.

또 여러 가지 어수선한 소식도 들려왔어. 1860년 청나라의 수도 베이징이 서양 군대에 함락된 거야. 러시아는 베이징에서 영국군과 프랑스군 등을 물러나게 도와준 대가로 연해주 땅을 얻었지. 그 후로 우리나라는 갑자기 두만강을 경계로 러시아와 국경이 맞닿게 되었어.

"아이고, 누군가 힘 있는 분이 나타나 우리나라를 저 서양 놈들로부터 지켜 주면 좋으련만!"

백성들은 서양 세력으로부터 조선을 지켜 나갈 강력한 지도자를 원하고 있었어. 이러한 시기에 흥선 대원군이 정권을 잡은 거야. 흥선 대원군은 나라의

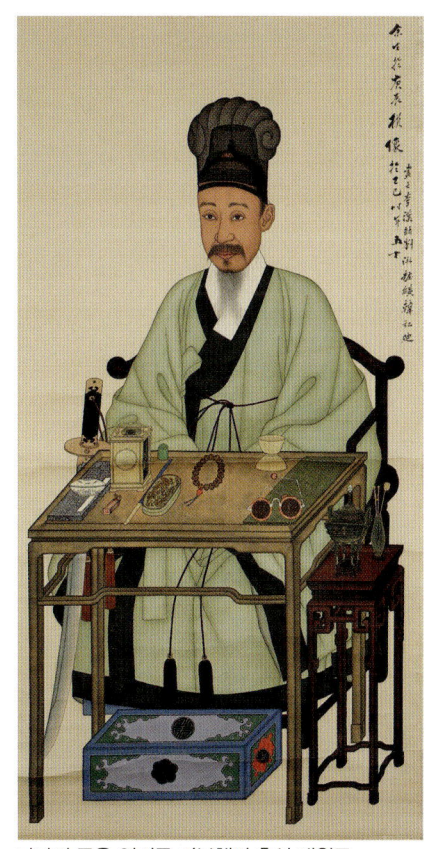
나라의 문을 열기를 거부했던 흥선 대원군

문을 닫는 것만이 살 길이라고 생각해서 서양과는 절대 통상하지 않겠다고 결심했어. 통상이란 나라와 나라 사이에 서로 물건을 사고파는 일이야. 대원군은 통상을 거부하면 청나라와 같은 수모를 당하지 않을 거라고 생각했지. 이러한 정책을 가리켜 '통상 수교 거부 정책'이라고 해.

흥선 대원군이 권력을 잡고 나서 삼 년 뒤, 병인년인 1866년에 프랑스가 쳐들어왔어. 병인양요라는 사건이 일어난 거야. 프랑스의 침략을 겨우 막아 내고 나니 1868년 또 다른 사건이 일어났어. 독일 상인 오페르트가 몰래 밤에

독일인 오페르트가 파헤쳤던 남연군 묘

 아산만으로 들어와 왕릉을 밤새 파헤친 거야. 날이 밝아오자 오페르트는 왕릉을 파헤쳐 둔 채 그냥 도망가고 말았어.
 그런데 오페르트가 왕릉인 줄 알고 마구 파헤쳤던 묘가 누구의 묘였는 줄 알아? 바로 흥선 대원군의 아버지인 남연군의 묘였어.
 "이 짐승만도 못한 놈들! 앞으로 서양 놈들과는 절대 통상을 아니할 것이다."
 이 사건으로 흥선 대원군은 나라의 문을 더욱 굳게 닫아걸게 되었어. 그런데 이를 어째? 오페르트 도굴 사건이 일어난 지 삼 년 만인 1871년에 미국이 또 쳐들어온 거야. 이 사건을 신미양요라고 해. 병인양요와 신미양요에 대해서는 조금 이따 자세히 알아보자꾸나. 어때, 흥선 대원군이 왜 그렇게 나라의 문을 굳게 닫고 외국과 교류하지 않았는지 알 수 있겠지?

병인양요와 신미양요

이 무렵 서양에서 들어온 천주교를 믿는 사람들이 급속히 늘어났어. 천주교는 평등사상을 가르쳐서 많은 사람들의 호응을 얻었어. 하지만 양반과 상민, 노비까지도 신 앞에서 평등하다는 사상은 조선의 신분 제도에 정면으로 맞서는 것이었어. 또 우상을 따르지 말라는 가르침 때문에 천주교 신자들은 제사도 거부했어. 게다가 천주교는 아시아로 쳐들어오려는 서양의 세력과 연결이 되어 있었지.

1866년 흥선 대원군은 천주교를 믿는 사람들을 박해하기 시작했어. 프랑스 신부 아홉 명과 8천여 명의 천주교 신자가 처형되는 등 엄청난 피바람이 불었지. 병인년에 일어난 박해라고 해서 '병인박해'라고 해. 이 소식은 청나라로 탈출한 신부를 통해 프랑스 공사에 알려졌어. 프랑스는 즉각 조선 정부에 다음과 같은 서신을 보내 우리를 위협했지.

"우리 국민을 죽인 그날이 바로 조선 국왕의 최후가 될 것이다. 이제 며칠 안에 우리 군대는 조선을 정복하러 떠날 것이다."

정말로 얼마 지나지 않아 프랑스군은 대포를 실은 군함 일곱 척을 이끌고 강화도로 쳐들어왔어. 이 사건이 바로 병인양요란다. 프랑스군은 우수한 무기를 이용해 강화부를 점령해 버렸어. 이때 안타깝게도 강화도에 설치되어 있던 왕립 도서관인 외규장각이 불타고 말았어. 프랑스군은 외규장각을 불태우기 전, 왕실의 귀중한 책 수백여 권과 은 덩어리가 든 상자들을 약탈해 갔어.

조정은 프랑스군을 물리치기 위해 전국에서 포수를 모집했어. 양헌수 장군은 포수들과 함께 프랑스군을 힘껏 막아 냈지. 정족산성에서 양헌수 장군이 프랑스군을 대패시키자, 프랑스군이 놀라 서둘러 강화도에서 물러났어.

"큰일 났습니다! 이번에는 미군이 쳐들어왔습니다!"

병인양요가 일어난 지 오 년 만인 1871년, 또다시 외세의 침입을 받은 거야. 미국은 왜 쳐들어온 거냐고? 자, 잘 들어 봐. 프랑스와 싸우기 전 미국의 제너럴 셔먼호라는 배가 우리의 허락도 받지 않고 대동강으로 들어와서 조선 사람들을 인질로 잡아가고 억지로 통상을 요구한 일이 있었어.

마침 장맛비가 빠져나가 배가 갯벌에서 꼼짝달싹 못하게 되자, 평양 감사 박규수가 불화살을 쏘라는 명령을 내렸지. 제너럴 셔먼호는 순식간에 시커먼 연기 속에서 불타 버렸어.

그런데 몇 년 뒤 미국이 이 사건을 구실 삼아 조선을 공격해 온 거야. 군함 다섯 척과 병사 1,230명을 이끌고서 말이지. 미군은 초지진과 덕진진을 차지한 다음, 그 기세를 몰아 광성보로 쳐들어왔어.

"무슨 일이 있어도 목숨을 다해 미국 군대를 막아라!"

광성보에서 어재연 장군이 이끄는 부대가 미군에 맞서 격렬한 전투를 벌였어. 하지만 안타깝게도 350명이나 목숨을 잃으며 전쟁에 졌지. 그 후 조선군의 끈질긴 야밤 기습 작전으로 미군은 물러갔어. 이 사건이 바로 신미양요야. 조선군은 두 번의 침략을 목숨을 걸고 잘 막아 냈단다. 하지만 이러한 사건들 때문에 조선은 더욱 서양 세력에 경계심을 품게 되었어.

척화비의 건립과 정책의 실패

"척화비를 세워서 후손들도 다시는 서양 세력과 교류하지 말게 하라."

흥선 대원군은 신미양요가 끝난 뒤 전국에 척화비를 세웠어. '척화'란 서로 친하게 지내는 것을 배척한다는 뜻이야. 또 흥선 대원군은 일본이 통상을 요구해 온 문서에 우리나라를 얕보는 외교 용어를 쓰자, 이를 돌려보냈어.

"괘씸하다! 감히 이런 단어를 쓰다니! 당장 이 외교 문서를 돌려보내라."

일본이 황제가 신하에게 내리는 문서에 쓰는 말인 칙서를 뜻하는 '칙' 등의 단어를 조선에 써 보냈기 때문이었어.

척화비 외국과 교류하지 말라는 내용이 적혀 있어.

한편 흥선 대원군은 왕실의 권위를 되찾기 위해 임진왜란 때 불탄 경복궁을 다시 짓기로 했어. 문제는 나라에 돈이 없는데, 무리하게 경복궁 공사를 시작했다는 거야.

흥선 대원군은 돈을 마련하기 위해 당백전이라는 화폐를 발행하고, 부자들에게 억지로 기부금을 바치게 했어. 백성들은 여름이 되어 농사를 지어야 했건만, 경복궁을 짓는 데 동원될 수밖에 없었지. 오죽 힘들면 백성들 사이에서 〈경복궁 타령〉이라는 노래까지 나왔을까? 그 노래 가사를 좀 들어 볼래?

우리나라 팔도의 좋은 나무는 경복궁에 다 들어간다.
경복궁 공사가 언제 끝나 그리던 부모처자 만나 볼까?

그동안 서원을 없애고 세금을 내게 해서 불만이 컸던 유생들은 흥선 대원군을 물러나게 하라는 상소를 올렸어. 고종이 이를 받아들이자, 1873년 흥선 대원군은 집권 10년 만에 물러나게 되었지. 흥선 대원군의 통상 수교 거부 정책은 우리나라가 서양의 새로운 문물을 늦게 받아들이게 한 문제점이 있지만, 외세의 침략으로부터 우리의 것을 지키겠다는 자주 정신을 담고 있단다.

통상의 문을 꼭꼭 닫았던 그때 서양에는 무슨 일이?

1863년 흥선 대원군이 집권하던 무렵, 유럽과 미국에서는 커다란 정치적 변화가 있었어. 먼저 이탈리아에서는 마치니의 주도로 오랫동안 여러 도시 국가로 나뉘어 있던 이탈리아를 통일하자는 운동이 일어났어. 뒤이어 사르데냐의 카보우르 수상이 프랑스의 협력을 얻어 내고 오스트리아의 간섭을 물리쳐서 이탈리아 통일의 돌파구를 마련했지. 또 가리발디 장군은 붉은 셔츠대를 이끌고 출정하여 시칠리아 섬과 이탈리아 남부를 점령한 뒤 사르데냐 왕에게 바쳐 1861년 이탈리아 통일을 이룩했어.
독일 역시 프로이센의 재상 비스마르크의 주도로 1871년 통일을 이루었어. 미국에서는 1863년 링컨이 남북 전쟁 중에 노예 해방을 선언했지. 이렇듯 세계가 빠르게 변화하고 있는데, 우리는 흥선 대원군의 정책으로 나라의 문을 꽁꽁 닫고 있었어. 그 결과 조선은 바깥세상의 변화와 발전을 모른 채 근대화의 시기가 늦어져 강대국들의 위협을 받게 된단다.

답사 여행

강화도의 군사 시설

오늘은 서양 나라들의 침입으로부터 우리나라를 굳건히 지켜 낸 강화도로 답사를 떠나 볼까?
고려 때부터 강화도는 다른 나라의 침략을 몰아낸 곳으로 우리 민족의 자부심이 어린 곳이야.
그만큼 군사 시설도 많이 남아 있지. 강화도에는 고려 때 몽골의 침입을 막기 위해 만든
산성과 12진으로 이루어진 군사 시설이 있어.
강화도 군사 시설에는 병인양요와 신미양요 당시 전사한 고귀한 수병들의 넋이 어려 있지.
조선 수병들은 두 차례 양요를 겪은 뒤 철통같이 강화도를 지켜 내고자 했어.
자, 이제 강화도를 지켜 냈던 중요한 군사 시설에 대해 살펴보러 가자.

광성보

광성보는 고려 때 몽골에 대항하기 위해 만든
군사 시설이야. 신미양요 때 광성보에서 어재연
장군과 350명의 수군이 목숨을 잃었지.

양요 당시 사용한 대포

자, 대포 발사 준비!
공격 개시!

문수산성

병인양요 때 한성근 장군이 프랑스군을 맞아 싸우다 진 곳이야.

초지진 포대에서 가만히 귀를 기울여 봐. 밀려들어 오는 서양 군대의 포성이 들리지 않니?

이곳을 직접 눈으로 보니 분한 마음이 들어요!

초지진

초지진은 '초지리에 있는 포대'를 줄인 말이야. '포대'란 포가 있는 군사 시설을 말해. 1635년에 만들어졌는데, 병인양요와 신미양요 때 함락되고 말았어.

정족산성

정족산성은 단군의 세 아들이 쌓았다는 이야기가 전해져서 삼랑산성이라고도 불려. 병인양요 때 양헌수 장군이 정족산성에서 프랑스군을 크게 물리쳤지. 이곳에 양헌수 장군의 승전비가 세워져 있단다.

1866년
병인양요가 일어나다

1876년
강화도 조약이 맺어지다

1882년
임오군란이 일어나다

1887년
경복궁에 전기가 들어오다

1894년
동학 농민 운동이 일어나다

1895년
단발령이 내려지다

1905년
을사늑약이 맺어지다

❷ 준비 없이 열린 빗장, 나라의 문을 열다

1876년 조선은 나라의 문을 열게 되었어. 처음 일본과 강화도 조약을 맺은 뒤로 서양 여러 나라들과도 국교를 맺게 되었지. 하지만 나라 밖의 사정에 어두웠던 조선은 우리에게만 불리한 조약을 맺기도 하고 개화를 반대하는 세력과 갈등을 겪기도 했어. 자, 이제 혼란과 갈등 속에서 시작된 조선의 개화 과정을 살펴볼까?

1910년
한·일 병합 조약

1919년
3·1 운동이 일어나다

1932년
윤봉길 의사 의거

나라의 문을 열려는 움직임과 운요호 사건

홍선 대원군이 물러나자, 나라의 문을 열어야 한다고 주장하는 사람들의 목소리가 커졌어. 제너럴 셔먼호 사건 때 평양 감사였던 박규수, 한의사인 유홍기, 역관인 오경석 등이 그런 사람들이었지. 그들을 이끌고 있는 사람이 박규수였어. 그는 실학자 연암 박지원의 손자였지.

북촌에 있는 박규수의 집에는 박지원이 청나라에서 가져온 진기한 물건들이 많았어. 세계 지도도 있고 지구본도 있었지. 박규수의 집은 항상 새로운 사상에 대한 이야기를 들으려는 젊은이들로 북적였단다. 박규수는 젊은이들에게 나라의 문을 열 때가 되었다고 주장했지.

> **역관**
> 통역관을 말하는 거야. 이들은 청나라에 여러 차례 다녀오면서 보는 눈이 넓어져 열린 생각을 갖게 되었지.

그때쯤 일본은 홍선 대원군이 물러나고, 고종의 왕비를 중심으로 한 민 씨 세력이 정권을 잡은 것을 알았어.

"하하하, 드디어 기회가 왔군! 고집 센 흥선 대원군이 물러났으니 강제로라도 조선의 문을 열어야겠다."

일본은 조선이 어쩔 수 없이 나라의 문을 열도록 최신식 군함 운요호를 강화도에 접근시켰어. 두 양요 이후로 강화도를 철벽같이 지키고 있던 수병들은 운요호가 나타나자 경고를 보냈어.

"경고한다. 더 이상 다가오면 대포를 쏠 것이다."

그런데도 일본은 이를 무시하고 물을 구한다는 핑계로 보트를 내려 강화도에 접근했지. 사실 일본은 조선이 먼저 공격하도록 꼬여 낸 것이었어. 그것도 모르고 조선군은 강화도 포대에서 대포를 쏘아 댔어. 하지만 구식 대포여서 명중은 쉽지 않았어.

우리가 대포를 먼저 쏜 것이 확인되자, 운요호는 재빠르게 최신식 대포를 쏘아 강화도의 초지진을 한 방에 무너뜨렸어. 그러고는 영종도에 상륙하여 불을 지르고 사람을 죽이고 약탈까지 한 다음 유유히 물러났지. 참으로 기가 막힐 노릇이었어.

근대적 조약의 시작, 강화도 조약

1876년 일본은 준비한 각본대로 운요호에 대포를 먼저 쏜 책임을 조선에 물어 왔어. 일본 군함은 강화도 해역에서 대포를 쏘며 무력시위를 벌였지.

"전하, 일본이 운요호 사건을 책임지라면서 대표를 파견해 왔습니다. 군함을 여섯 척이나 끌고 병사 300명까지 거느리고 왔습니다."

"우리가 저들의 말을 듣지 않으면, 전쟁을 일으킬 기세로 온 것이로군. 할 수 없다. 신헌을 보내어 저들이 무엇을 원하는지 알아보라."

고종은 신헌을 강화도로 보내어 일본 대표를 만나게 했어. 이때 우리에게 국제 외교에 대한 지식이 있었다면, 일본이 남의 나라에 허락도 받지 않고 들어와서 대포를 쏘고 살인을 하고 방화와 약탈을 저지른 것에 대해 철저히 따져 물었을 거야. 하지만 조선을 대표하여 나간 대신들은 그렇게 해야 하는 줄을 몰랐어.

> **근대**
> 세계사에서 시대를 구분할 때, 현대에 가까운 시대를 근대라고 해. 세계사 연대는 고대, 중세, 근대, 현대로 나뉘거든. 근대 때부터 산업과 기계가 혁신적으로 발전하는 산업 혁명이 일어나 모든 문명이 발달하게 되었어.

일본 대표로 온 구로다가 말했어.

"조선이 먼저 공격했으니 이번 사태에 책임을 져야 합니다. 우리가 가져온 열세 가지 조항의 조약문으로 우리와 국교를 맺길 강력히 요청합니다."

국제법에 어두웠던 조선의 대신들은 그 조항이 무엇을 뜻하는지 잘 알지 못했어. 일본이 힘으로 밀어붙이는 가운데 정권을 잡은 조선 개화 세력의 의지가 더해져 조약이 맺어졌지. 이렇게 이루어진 조약이 바로 강화도 조약이야.

강화도 조약은 우리나라가 근대에 들어 외국과 최초로 맺은 조약이었어. 학자들은 강화도 조약을 두고 불평등 조약이라고 해. 그건 조약문에 조선을 일본과 동등한 권리를 가진 자주국이라고 밝혔지만, 실제로는 일본에 유리한 내용만 담았기 때문이야.

이를테면 일본 배가 마음대로 우리 해안을 다니면서 해안을 측량할 수 있다거나 군사와 정치적으로 중요한 지역인 부산과 원산, 인천의 세 항구를 개항하고 그곳에 일본인의 거주까지 허락해야 한다는 것 등이었지. 그뿐만 아니라 일본 사람들이 우리나라에서 사람을 죽이고 강도짓을 해도 조선의 법이 아닌 일본의 법을 적용받도록 정해 놓았어. 또 이 조약에 따라 우리 땅에 일본 공사관이 설치되어 일본을 대표해 여러 가지 외교 업무를 맡아 보게 되었단다.

개화 정책을 추진하다

　일본과 불평등 조약을 맺은 조선은 일본이 서양 문물을 받아들여 어떻게 달라졌는지 살펴보려고 수신사를 두 차례나 일본에 보냈어. 처음에는 김기수가 수신사로 갔고, 두 번째에는 김홍집이 방문했지. 수신사는 일본의 발달된 문물을 살펴보고 돌아와 우리도 하루빨리 나라를 발전시켜야 한다고 보고했어.

　이들의 보고를 받은 고종은 일본에 대해 더 궁금해져서는 젊고 똑똑한 신하들을 일본에 보내며 비밀 명령을 내렸지. 겉으로는 일본을 유람하는 척하면서 조선이 배워야 할 점을 샅샅이 살펴보고 돌아와 보고서를 올리라는 거였어.

　일본으로 건너간 시찰단은 유람하듯 다니며 매서운 눈으로 일본을 살폈어.

하나라도 새로운 것들을 발견해서 보고해야겠다는 마음으로 말이야.

"우리가 무엇을 살펴보아야 할까요?"

"일본의 정부 기구가 하는 일과 산업 시설을 살펴봅시다."

"문화 시설이 어떻게 갖춰져 있는지도 살펴봐야지요."

고종의 명령대로 시찰단은 일본의 정부 정책과 여러 시설들을 돌아본 뒤 여행기와 보고서를 써 올렸어. 이들이 쓴 보고서는 개화 정책을 세우는 데 큰 도움이 되었단다.

한편 청나라에는 김윤식을 보내 톈진에 있는 군사 시설을 견학하게 했어. 김윤식을 비롯해 함께 간 유학생들은 청나라의 군사 기술을 배워 왔지. 김윤식이 돌아온 뒤 조선에는 근대적인 무기를 제조하는 기관인 기기창이 세워졌어.

민 씨 정권은 개화 정책을 이끌어 나갈 기구가 필요하다고 느꼈어. 그래서 우리나라 최초의 근대적 정치 기구인 통리기무아문을 세웠단다. 이 기구를 세운 뒤로 요즘의 국무총리 격인 영의정을 총리대신이라고 부르게 되었지.

또 별기군이라는 신식 군대를 만들었어. 양반 자제들이 별기군에 들어가 일본 교관에게 군사 훈련을 받았지. 별기군들은 월급도 많고 대우도 좋아서 새 군복을 으쓱거리며 자랑스레 다녔어. 이렇게 조선에는 새로운 문물을 받아들이려는 개화의 물결이 일어나 나라가 활기를 띠기 시작했단다.

개화를 둘러싼 갈등이 심해지다

나라의 문을 열게 되면서 서양 문물을 하루빨리 받아들여야 한다는 급진 개화파와 천천히 받아들여도 된다는 온건 개화파 사이에 갈등이 생겨났어.

그런가 하면 제2차 수신사로 일본에 다녀온 김홍집이 가져온 《조선책략》이

나라의 앞날을 걱정해 개화를 반대한 유생 최익현

조정과 유생들 사이에 치열한 대립을 몰고 왔어. 《조선책략》은 청나라 외교관인 황준헌이 쓴 책인데, 조선의 앞날에 대한 민감한 충고를 담고 있었지.

"전하, 《조선책략》을 읽어 보시옵소서. 러시아가 남쪽으로 내려오는 것을 막기 위해서는 우리나라가 청나라와 일본은 물론이고 미국과도 손을 잡아야 한다는 아주 놀라운 주장이 담겨 있습니다."

이 말을 한 사람들은 개화파였어. 반면 유생들은 더 이상 나라의 문을 열어서는 안 된다고 빗발치듯 상소를 올렸어. 영남 지방의 유생들은 만여 명의 의견을 모아 '만인소'라는 상소를 올리기도 했지. 어떤 유생은 도끼를 짊어지고 상소를 올리면서 만약 상소가 받아들여지지 않으면, 도끼로 목을 베라는 거센 주장을 펴기도 했단다.

"아, 미국이 어떤 나라요? 신미양요를 일으킨 날강도 같은 국가 아니오? 그런 나라와 수교를 하라니, 이런 말도 안 되는 주장이 어디 있소?"

유생들은 조선의 전통 학문인 성리학은 지키고 나쁜 서양 문화는 배척해야 한다는 운동을 펼쳐 나가기 시작했어. 이 운동을 위정척사 운동이라고 해. 사실

> **위정과 척사**
> 위정(衛正)이란 바른 것을 지킨다는 뜻이야. 바로 우리의 유교 문화를 지켜 나가자는 얘기지. 척사(斥邪)는 그릇된 것을 배척한다는 뜻인데, 서양 문화를 배척하자는 얘기야.

유생들은 강화도 조약을 맺을 당시부터 최익현을 선두로 하여 나라의 문을 여는 것에 적극적으로 반대해 왔어. 최익현은 협박에 굴복하여 조약을 맺으면, 앞으로 일본의 탐욕을 막기가 어렵고 우리 경제가 망가질 거라고 염려했어. 이렇게 급진 개화파와 온건 개화파의 갈등, 개화파와 위정척사파의 대립이 날로 심해졌어.

그런 상황 속에서도 우리나라는 여러 나라와 외교 관계를 맺어 나갔어. 1882년 조선은 《조선책략》의 주장대로 서양 국가 중에서 맨 처음으로 미국과 외교 관계를 맺었어. 미국에 대표단도 보냈는데, 이들을 보빙사라고 하지. 미국에 이어 영국, 독일, 러시아, 프랑스 등과도 외교 관계를 맺었어. 하지만 하나같이 모두 조선에 불리한 불평등 조약이었단다.

강화도 조약과 닮은꼴인 난징 조약

강화도 조약을 청나라가 영국과 맺은 난징 조약과 비교해 볼까? 이 조약들은 두 나라가 근대에 들어 외국과 최초로 맺은 조약이었어. 하지만 안타깝게도 모두 불평등 조약이었지. 청나라가 난징 조약을 맺게 된 것은 아편 전쟁 때문이야.

그런데 아편 전쟁은 왜 일어났을까? 영국은 청나라와 무역을 하며 큰 손해를 보게 되자 아주 비겁한 짓을 했어. 사람들을 병들게 하는 데다 중독성까지 있는 아편을 만들어 청나라 사람들에게 판 것이지. 이로 인해 청나라에는 아편 중독자가 급증했고, 은이 나라 밖으로 흘러 나가 큰 피해를 입게 되었단다.

청나라는 이 문제를 해결하려고 광저우에서 영국 상인들의 아편 상자를 몰수하여 불에 태우거나 바닷물에 던져 버렸어. 그러자 영국은 세계 역사상 가장 더러운 전쟁이라고 평가받는 아편 전쟁을 일으켰단다. 청나라 역시 1842년에 맺은 난징 조약으로 영국에 중요한 항구를 개항하고 조약 당사국에 막대한 배상금을 물어 줘야 했어.

처음으로 미국에 간 보빙사

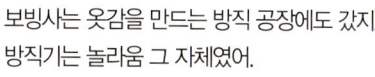

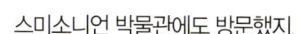

1866년
병인양요가 일어나다

1876년
강화도 조약이 맺어지다

1882년
임오군란이 일어나다

1887년
경복궁에 전기가 들어오다

1894년
동학 농민 운동이 일어나다

1895년
단발령이 내려지다

1905년
을사늑약이 맺어지다

근대 국가를 수립하려는 운동이 일어나다

③

일본을 비롯해 서양 여러 나라와 외교 관계를 맺은 조선은 밀려드는 신문물을 받아들이고 여기저기 사절단을 보내느라 나라 살림이 어려워졌어. 개화는 큰 진통을 겪으며 이루어졌단다. 다시 옛날로 돌아가고 싶어 하는 구식 군인들이 반란을 일으키는가 하면, 급진 개화파들이 혁명을 일으켜 근대 국가를 세우려 했지. 그러나 청나라가 끼어들면서 3일 만에 실패하고, 배상금만 잔뜩 물게 되었어. 이제 조선 역사상 최초로 일어난 근대 국가 수립 운동에 대해 알아볼까?

1910년
한·일 병합 조약

1919년
3·1 운동이 일어나다

1932년
윤봉길 의사 의거

구식 군인들의 분노가 폭발하다

 강화도 조약 이후 정권을 잡은 민 씨 세력들이 개화 정책을 펼쳐 나가는 가운데 나랏돈이 바닥나고 말았어. 개화 정책을 펴는 데 많은 돈이 들기도 했지만, 민 씨 세력의 부정부패가 심했지. 그러다 보니 흥선 대원군이 10년 동안 차곡차곡 일궈 놓은 국가 재정이 몹시 어려워졌어. 나라에서는 신식 군대인 별기군에게는 지원을 꾸준히 했지만, 구식 군인들에게는 급료를 일 년도 넘게 주지 않았어.

 "아내에게 차마 얼굴을 들 수가 없네. 정말 해도 너무하지 않나? 어떻게 열세 달 동안 급료를 안 줄 수가 있는가?"

 "조금만 참아 보세. 이번에는 한 달 치라도 분명히 준다고 했으니."

 드디어 밀린 열세 달분의 급료 중 한 달분을 받는 날이 되었어. 당시는 급료를 돈으로 주는 것이 아니라 곡식으로 주었지. 그런데 막상 받고 보니 곡식에 겨와 모래가 절반 이상 섞여 있고 양도 부족했어. 구식 군인들은 화가 치밀어 올라 곡식을 나누어 주는 관청에 찾아가 항의했어.

임오군란 당시 일장기를 들고 인천으로 도망가는 일본 공사들의 모습

신식 군사 훈련을 받고 높은 대우를 받은 별기군

사람들이 초가지붕 위에서 구경하는 모습이 보이지?

하지만 관청 책임자인 민겸호는 항의하는 구식 군인들을 옥에 가두었지. 화가 머리끝까지 난 구식 군인들은 그길로 폭동을 일으켰어. 1882년 임오년에 군인들이 반란을 일으켰다고 해서 이 사건을 임오군란이라고 해.

"이 모든 건 개화를 추진한 왕비와 민 씨 세력 때문이다! 왕비를 죽이자!"

구식 군인들은 민겸호와 별기군을 훈련시키는 교관 호리모토를 죽인 다음, 창덕궁으로 몰려가 왕비를 찾았어. 하지만 왕비(명성 황후)는 궁녀로 위장한 채 궁궐을 빠져나간 뒤라 찾을 수가 없었지.

고종은 사태를 수습하기 위해 흥선 대원군을 다시 불러들였어. 흥선 대원군의 말이라면 구식 군인들이 금세 해산할 거라고 믿었기 때문이지. 흥선 대원군은 회심의 미소를 지으며 권좌로 돌아왔어. 대원군은 모든 제도를 개화 이전으로 되돌리면서 개화의 중심축이었던 통리기무아문을 없애 버렸단다.

대원군의 납치와 청나라의 내정 간섭

"뭐라? 나를 찾을 생각도 하지 않고 국상을 치른다고?"

충주로 피신 갔던 명성 황후는 시아버지인 흥선 대원군이 정권을 잡은 후 자신이 군란 중에 죽었다고 국상을 선포하자 분한 마음이 들었어.

한편 일본은 1,500명의 병력을 다시 제물포로 파견하여 임오군란으로 입은 피해를 보상하라고 항의했지. 청나라도 가만히 있지 않고 위안스카이에게 3천 명의 군사를 주어 임오군란을 수습하게 했어.

청나라는 먼저 흥선 대원군을 찾아가 자신들이 일본을 쫓아낼 테니 안심하라고 했어. 고마운 마음에 흥선 대원군이 청나라 막사를 찾아갔지.

"대국의 군대를 보내어 이 사태를 수습해 주어 고맙습니다."

그런데 이를 어째! 청나라가 흥선 대원군을 납치해서 청나라 톈진으로 데려가 버린 거야. 그러고는 폭동에 대한 책임을 물어 데려갔다고 발표했지. 청나라 덕분에 시아버지를 정권에서 쫓아낸 명성 황후는 청나라 군사 백여 명의 호위를 받으며 다시 궁으로 돌아왔어.

하지만 그에 따른 대가는 너무나 컸어. 청나라는 자신들이 추천하는 사람을 관리로 임명하게 했어. 외교, 경제, 군사 고문을 두어 조선의 나랏일을 속속들이 간섭했고 말이야. 이렇게 다른 나라의 정치에 간섭하거나 주권을 침해하는 일을 내정 간섭이라고 해. 조선은 내정 간섭을 받게 되면서 나랏일을 마음대로 할 수 없게 되었단다.

"아니, 저 코 큰 사람은 누구지요? 외국인 같은데……."

"청나라에서 근무한 적이 있는 독일 외교관이래요. 이름이 묄렌도르프라던데, 서양 사람 이름은 외우기도 참 힘드네요. 청나라의 명으로 우리나라 외교 고문이 되었다지요."

묄렌도르프를 비롯해 청나라가 보낸 고문들이 내정 간섭을 하면서 우리나라의 정치와 경제는 점점 엉망이 되어 갔단다.

한편 일본은 임오군란으로 호리모토 교관 등 일본인들이 살해되고 공사관이 불탔다며 많은 배상금을 요구해 왔어. 이때 맺어진 조약이 제물포 조약이야. 박영효가 조약 책임자였어. 이 조약으로 일본은 경비병을 일본 공사관에 둘 수 있게 되었단다.

급진적인 개혁을 꿈꿨던 갑신정변

　개화파 박규수의 사랑방을 드나들던 젊은이들 가운데에는 명문가 자제인 김옥균과 철종의 사위 박영효가 있었어. 이들은 흥선 대원군이 하루아침에 납치되어 톈진으로 끌려가고, 청나라가 추천한 고문들이 나랏일에 감 놔라 배 놔라 하는 것이 못 견디게 화가 났어.

　"우리도 하루빨리 자주적인 근대 국가를 세워야 하오. 혁명을 일으킵시다!"

　"찬성이오! 어떻게든 저 청나라 놈들을 이 땅에서 몰아냅시다. 그러자면 민씨 세력부터 없애야 하오."

　이렇게 김옥균, 박영효, 서광범, 홍영식, 서재필 등 일명 독립당이라고 불리는 급진 개화파는 청나라의 내정 간섭을 막고자 혁명을 일으키기로 했어.

우정총국 갑신정변이 일어난 곳으로 우리나라 최초의 우체국이야.

독립당이라는 이름처럼 그들은 자주적인 국가를 꿈꾸었군요.

여기 서 있으니 그날의 일들이 생생하게 그려지는걸.

"홍영식이 국장으로 있는 우정총국 개국 축하연에서 거사를 벌입시다."

"청군이 프랑스와의 전쟁으로 일부 철수했으니 지금이 좋은 때요."

이들은 일본 공사의 도움도 얻어 냈어. 드디어 10월 17일 새롭게 문을 연 우정총국 축하 잔치에 민 씨 세력의 중심인 민영익과 묄렌도르프, 각국의 공사 등 18명이 우정총국에 모여들었어.

그런데 잔치가 무르익고 있을 무렵 갑자기 커다란 외침 소리가 났어.

"불이야! 불이야!"

우정총국 밖에서 불이 났다는 소리였지. 민영익이 급히 달려 나갔다가 칼을 맞고 피투성이가 되었어. 김옥균 등 독립당은 창덕궁으로 달려가서 고종에게 거짓 보고를 올렸어.

"청나라 군대가 난을 일으켰사옵니다. 어서 궁을 벗어나셔야 합니다."

독립당은 이미 궁녀도 포섭해 놓은 터라 궁에서도 폭약이 폭발하는 소리가 났어. 놀란 고종은 왕실 가족을 이끌고 창덕궁을 빠져나와 창덕궁 바로 옆에 있는 경우궁으로 거처를 옮겼어.

김옥균은 고종에게 일본 군대에 도움을 요청하자고 했지. 고종은 친서를 보내 일본 공사관 경비대의 호위를 받게 되었어. 독립당은 민 씨 세력과 고종이 만날 수 없게 고종을 만나러 오는 민 씨 세력을 단칼에 죽여 버렸어.

그러고는 새로운 내각을 구성하고, 혁신적인 개혁 조항을 발표했어. 제1조에는 대원군을 하루빨리 조선으로 귀국시키고, 청나라에 보내는 조공을 없애자고 했어. 제2조에는 문벌을 폐지하고 신분 제도를 없애고 능력에 따라 관리를 뽑자고 주장했지. 이렇듯 개혁안에는 근대 국가를 세우고자 하는 독립당의 개혁 의지가 담겨 있었어.

실패로 끝난 근대 국가 수립 운동

명성 황후는 무언가 낌새가 이상하다는 것을 눈치채고 있었어. 청나라 군대와 민 씨 세력은 잘 통하고 있었는데, 한마디도 알려 주지 않고 반란을 일으킬 리 없다고 생각한 거지. 결국 고종은 명성 황후의 청을 받아들여 창덕궁으로 돌아왔어.

당시 고종을 지키는 일본 군사가 150명이었는데, 그 넓은 창덕궁을 지키기에는 부족한 숫자였어. 그러던 차에 갑신정변을 일으킨 지 3일째 되던 날, 청나라 군대가 창덕궁을 공격해 왔어. 서재필을 비롯한 사관생도들은 온 힘을 다해 청나라 군대를 막았어. 하지만 1,500명에 달하는 청나라 군대를 도저히 막을 수가 없었지. 홍영식은 끝까지 고종 옆을 지키다가 청나라 군대에 살해되었고, 김옥균, 박영효, 서재필 등은 몸을 피해 일본으로 망명을 떠났어.

이미 조선은 임오군란으로 당시 돈 50만 원이라는 거액을 일본에 배상해야 했는데, 또다시 갑신정변으로 빌미를 잡혀 조약을 맺게 되었어. 막대한 추가 배상금까지 물게 되었고 말이야.

한편 청나라와 일본도 톈진 조약을 맺어 조선에 보낸 군대를 철수하기로 약속했어. 단 두 나라가 앞으로 조선에 군대를 파병할 땐 미리 문서로 알려 주기로 하면서 말이야.

갑신정변의 주역이었던 김

나라에서는 김옥균의 목을 잘라 걸어놓고 '대역부도옥균'이라고 써 붙여 놓았어. 대역적으로 부도덕하다는 뜻이었지.

옥균은 어떻게 됐을까? 김옥균은 갑신정변이 실패한 뒤 일본에서 망명 생활을 했어. 그러다 상하이로 청나라의 높은 대신을 만나러 갔는데, 그때 민 씨 세력이 보낸 자객의 총에 목숨을 잃는단다.

갑신정변은 3일 만에 실패했기 때문에 삼일천하라고 불러. 갑신정변이 실패한 가장 큰 이유는 개화사상이 널리 퍼지지 못한 상태에서 급격히 혁명을 추진하여 백성들의 지지를 받지 못했기 때문이야. 또 당시 백성들은 일본을 매우 싫어했는데, 독립당이 일본을 등에 업고 혁명을 일으키려 한 것도 잘못이었지. 그렇다 해도 갑신정변은 조선 역사상 지식인들이 최초로 일으킨 근대 국가 수립 운동이라는 점에서 역사적 의의가 매우 크단다.

메이지 유신과 갑신정변

갑신정변은 일본의 메이지 유신을 모델로 삼은 거야. 메이지 유신이 어떻게 일어났는지 알아볼까?
1854년 미국의 페리 제독은 군함을 앞세워 일본의 에도 막부를 위협했어. 미국은 나라의 문을 강제로 열게 하고 외교 조약을 맺었지.
그런데 이 조약에는 일본에게 불리한 내용이 너무 많았어. 이에 불만을 품은 세력이 반기를 들고일어났지. 그 결과 그동안 쇼군이 정권을 장악했던 막부가 무너지고, 메이지 국왕에게 정권이 돌아갔어. 1868년 메이지 국왕은 국가의 모든 권력을 왕이 한손에 쥐고 통치하는 메이지 유신을 단행했지. 메이지 유신 이후 일본은 서양에 이와쿠라 사절단을 파견하여 서양 문물을 적극적으로 받아들였어.
한편 김옥균과 독립당은 일본의 메이지 유신처럼 서양 문물을 적극적으로 받아들이는 근대 국가를 꿈꾸다가 실패한 것이란다.

전시회

우리나라의 상징, 태극기의 역사

우리의 자랑스러운 태극기를 처음 만든 사람은 누구일까? 그동안 태극기를 만든 사람을 두고 이런저런 말들이 있었단다. 고종이라는 사람도 있고, 마건상이라는 사람도 있고, 박영효라는 주장도 있었어. 그러다가 2008년부터 태극기의 역사가 이렇게 정리되었단다.

1882년 ─ 5월 22일 ─ 9월 ─ 1883년 ─ 3월 6일 ─ 1890년

1882년 5월 22일, 최초의 태극기

이 태극기가 우리나라 최초로 만들어진 태극기야. 지금의 태극기와 꽤 모양이 완전히 다르지? 1882년 5월 22일 미국과 외교 조약을 맺을 때, 미국 대표인 슈펠트 제독이 국기를 요구했어. 우리 측 대표인 신헌과 김홍집은 역관 이응준에게 급히 국기를 만들게 했단다.

1882년 9월, 박영효 태극기

태극기를 처음 만든 건 이응준이지만, 공식적으로 조선의 국기를 조선 대표가 머무르는 건물에 내건 사람은 박영효야. 박영효는 제물포 조약의 사과 사절단으로 일본을 방문했는데, 이때 일본 배 메이지마루호를 타고 가며 영국인 선장 제임스에게 자문을 받아 태극기를 만들었어.

1883년 3월 6일

1883년 3월 6일, 조선은 박영효의 태극기를 공식적인 조선의 국기로 선포했어.
이 태극기는 박영효의 태극기를 그대로 본뜬 모양에다 태극의 소용돌이가 매우 깊고, 4괘의 색깔이 흑색이 아닌 청색이었어.

1919년, 대한민국 임시 정부 태극기

태극기는 우리나라와 운명을 같이해 왔어. 이 태극기는 상하이 대한민국 임시 정부에 걸려 있던 태극기야.
태극의 양방과 음방이 동서 방향으로 맞물려 있는 것이 눈에 뜨이지?

1919년   1940년

1890년경, 데니 태극기

이 태극기는 1890년경의 태극기야. 1886년부터 1890년까지 고종의 정치 고문이었던 미국 외교관 데니가 귀국할 때 가지고 갔던 태극기란다.

1940년, 광복군 태극기

이 태극기는 광복군이 가지고 다니던 태극기야. 지금의 태극기와 모습이 많이 비슷하지? 광복군은 태극기를 보며 독립에 대한 의지를 불태웠단다.

1866년
병인양요가 일어나다

1876년
강화도 조약이 맺어지다

1882년
임오군란이 일어나다

1887년
경복궁에 전기가 들어오다

1894년
동학 농민 운동이 일어나다

1895년
단발령이 내려지다

1905년
을사늑약이 맺어지다

동학 농민 운동이 일어나다

1890년대 무렵 농민들의 삶은 정말 고단했단다. 개항 이후 조선에는 일본과의 무역으로 영국산 면제품이 수입되고 쌀과 콩 같은 곡식이 수출되었어. 그러다 보니 물가가 크게 올랐지. 게다가 탐관오리들의 횡포까지 더해져 농민들은 하루하루 먹고살기가 무척 힘들었어. 이러한 울분이 터져 나온 것이 동학 농민 운동이야. 농민들은 이 땅을 빼앗아 가려는 외세를 내몰기 위해 목숨을 걸고 거센 파도처럼 일어났어. 자, 녹두 장군 전봉준이 활약을 펼쳤던 동학 농민 운동 속으로 들어가 보자.

1910년
한·일 병합 조약

1919년
3·1 운동이 일어나다

1932년
윤봉길 의사 의거

러시아와 영국까지 조선을 두고 힘을 겨루다

갑신정변 이후 청나라의 간섭은 더욱 심해졌어. 조선은 청나라의 내정 간섭에서 벗어나고자 미국에게 도와 달라고 했지. 미국은 조선이 서양과 처음으로 외교 관계를 맺은 나라여서 도와줄 것이라고 믿은 거야.

그러나 미국은 별다른 흥미를 보이지 않았어. 이때 조선에 다가온 나라가 러시아야. 러시아는 겨울이면 국토의 대부분이 꽁꽁 얼어붙었어. 그래서 겨울에도 배가 출항할 수 있는 항구를 갖기 위해 남하 정책을 펼쳐 왔단다. 조선은 따뜻한 나라여서 러시아 입장에서는 정말 탐이 났지. 조선과 러시아가 수교를 맺은 이후 외교에 능수능란한 베베르가 부임해 왔어.

"안녕하세요? 러시아 공사 베베르입니다. 우리 친하게 지냅시다."

베베르는 수완이 좋아서 금세 조선 정부 안에 러시아에 호감을 갖는 사람들을 만들었어. 이런 사람들을 친러 세력이라고 해. 외교 정책에 관심이 많았던 명성 황후는 고종과 함께 러시아를 눈여겨보게 되었어.

"전하, 러시아를 이용하면 청의 간섭을 물리칠 수 있을 것이옵니다."

　명성 황후의 말에 고종도 고개를 끄덕였지. 고종은 조정 대신들 가운데 친러 대신을 가까이하기 시작했어.

　그런데 러시아와 세계적으로 경쟁 관계에 있던 영국이 이 사태를 그냥 두고 보지 않았어. 조선을 이대로 두었다간 러시아의 차지가 될 것 같았거든. 영국은 이를 막기 위해 러시아의 함대가 지나가는 길목에 있는 거문도를 불법 점령했어. 영국은 제멋대로 거문도의 이름을 해밀턴 항이라고 바꿔 불렀어. 이 사건이 바로 1885년에 일어난 거문도 사건이야.

　조선은 거문도 점령에 항의하며 영국에 당장 철수할 것을 요구했어. 하지만 영국은 이 같은 요구를 모두 무시했지. 결국 영국은 2년 동안이나 거문도를 점령했다가 청나라의 중재로 철수했어. 이 사건을 계기로 청나라의 내정 간섭은 더욱 심해졌단다.

우리 곡식을 지키려 방곡령을 실시하다

개항 이후 일본은 영국산 면제품을 들여와 조선에 팔았어. 대신 쌀과 콩, 금 등을 사 갔지. 공장에서 기계로 짠 면직물과 집에서 오랜 시간 정성스럽게 짜낸 직물은 도저히 가격 경쟁이 될 수 없었어. 게다가 임오군란 이후로 청나라 상인들이 조선에 활발히 진출했어. 그들은 뛰어난 상술과 막대한 자본으로 상권을 넓혀 조선 상인들에게 커다란 타격을 안겼지.

그래서 조선은 물가가 가파르게 오르고, 농촌의 가내 수공업이 파탄 지경에 이르렀어. 게다가 흉년이 거듭되는데도 일본 상인들이 곡식을 계속 수입해 가는 바람에 곡식 가격이 폭등했지. 이렇게 농민들의 살림살이는 날로 어려워져만 갔단다.

더 이상 참다못한 함경도 관찰사 조병식은 1889년 10월, 곡식을 함경도 밖으로 가져갈 수 없다는 방곡령을 발표했어. 그러자 일본 상인들이 조·일 통상 장정의 조항을 들어 손해 배상금을 요구했지. 조약문에 어떤 물건을 수출하지 못하게 할 때에는 일본에게 미리 알려 주기로 돼 있다는 거야. 무능한 조선 정부는 청의 내정 간섭을 받던 때라 청나라의 말대로 순순히 배상금을 냈단다. 이러한 모습을 지켜보는 농민들의 분노는 하늘을 찌를 듯 높아만 갔어.

새로운 세상을 꿈꿨던 동학 농민 운동

이 무렵 농민들은 일본을 비롯한 외세의 경제적 침입과 탐관오리들의 부정부패로 살기가 정말 어려웠어. 일본에 대한 반감도 날로 커져 가고 있었지. 이런 불만들이 터져 나오는 가운데 동학이 농민들 사이에 급속도로 퍼지기 시작했어. 동학은 모든 인간이 평등하다고 가르치는 한편 서양 세력으로부터 나라를 구하고 탐관오리들을 물리치자고 주장했어.

이러한 동학을 위험하게 여긴 정부는 교조 최제우를 처형하는 등 동학을 탄압했어. 동학교도들은 교조 최제우의 억울함을 풀어 달라며 대규모 집회를 열기도 했지. 새로운 세상을 꿈꾸는 동학은 농민 봉기의 중심 사상으로 자리 잡으면서 정부의 탄압 속에서도 기세가 날로 커져 갔단다.

"새야 새야 파랑새야, 녹두밭에 앉지 마라.
녹두꽃이 떨어지면 청포 장수 울고 간다."

전봉준 공원의 부조 전봉준이 고부 관아를 습격하여 조병갑과 담판을 짓는 모습이야.

이 노래에서 '녹두'는 동학 농민 운동을 이끈 녹두 장군 전봉준을 가리켜. 전봉준은 어린 시절 키가 작아서 녹두라는 별명이 붙었는데, 사람들이 그 별명을 따서 녹두 장군이라고 불렀어. 여기서 녹두묵을 파는 '청포 장수'는 백성들을 가리키지. 이 노래에는 전봉준이 일본군에게 붙잡히지 않기를 바라는 백성들의 간절한 마음이 담겨 있단다.

전봉준은 왜 농민을 이끌고 항쟁을 일으켰을까? 첫 번째 1894년 1월의 봉기는 탐관오리로 악명이 높은 고부 군수 조병갑의 횡포를 더는 두고 볼 수 없어 일으킨 거였어.

"아니, 세상에 이런 돼먹지 않은 관리를 봤나? 보를 힘들여서 만든 건 우리인데 물값을 내라니!"

조병갑은 농민들에게 멀쩡한 만석보를 두고 새 보를 짓게 한 다음 물세를 걷었어. 그뿐만 아니라 부친의 공적을 기리는 비석을 세운다고 돈을 걷는 등 갖가지 명목으로 백성들을 수탈했어.

이에 분개한 농민들은 전봉준을 대표로 하여 항의했지만 받아들여지지 않았어. 그래서 관아를 습격하고 민란을 일으켰지. 조정에서는 고부 민란을 수습하기 위해 이용태라는 조사관을 내려보냈어.

그러나 이용태 역시 탐관오리여서 기생들과 놀기에만 정신이 팔려 모든 잘

못을 동학 농민군에게 덮어씌웠어. 더 이상 참을 수 없었던 전봉준은 1894년 3월 전라도 무장(고창)에서 분연히 일어나 관군과 싸우기 시작했지. 그 후 거침없이 관군을 밀어붙여 백산, 황토현, 장성에서 승리하고, 드디어는 요즘의 도청 격인 감영이 위치한 전주성을 점령했어.

이에 놀란 정부는 동학 농민군을 진압하기 위해 청나라에 도움을 요청했어. 일본 역시 재빠르게 톈진 조약을 구실 삼아 군대를 파견했지.

동학 농민군은 청나라와 일본 군대를 철수시키기 위해 자신들의 개혁안을 정부가 받아들이면 스스로 해산하겠다고 제안했어. 정부가 이를 받아들여 동학 농민군과 정부는 전주에서 평화 조약을 맺었어. 이것을 전주 화약이라고 해.

전라북도 정읍 전봉준 공원의
김개남, 전봉준, 손화중 동상

해산한 동학 농민군은 전주 화약의 내용에 따라 집강소를 전라도 각 지역에 설치하고, 폐정 개혁안을 실천해 나갔어. 동학 농민군은 이렇게 하면 청나라와 일본의 군대가 조선에서 철수하리라고 믿었지.

그러나 동학 농민군이 철수했는데도 두 나라는 우리나라를 두고 팽팽한 갈등을 빚었어. 일본은 조선에 대한 야욕을 더욱 드러내며 경복궁을 점령하고, 김홍집을 중심으로 하는 친일 정권을 수립했지. 그러고는 눈엣가시였던 청나라를 몰아내려고 청·일 전쟁을 벌였어. 이 소식을 들은 동학 농민군은 참을 수 없는 분노로 다시 2차 봉기를 일으켰어.

그런데 동학 농민군이 변변한 무기도 없이 관군과 연합한 일본군에 맞서 싸우는 것은 무척 어려운 일이었어. 일본군의 근대식 무기는 성능이 아주 뛰어났거든. 동학 농민군은 공주 우금치 전투에서 다시는 일어날 수 없을 정도로 크게 지고 말았어. 1만여 명의 동학 농민군 중 살아남은 사람이 고작 500여 명에 불과했을 정도였으니까. 이 전투에서 전봉준은 간신히 목숨을 건졌어. 하지만 피신 중에 체포되어 결국 형장의 이슬로 사라졌지.

그렇지만 동학 농민 운동은 우리나라를 근대 국가로 나아가게 한 커다란 계기가 되었어. 또한 우리나라 역사상 가장 큰 규모의 농민 전쟁이란 점에서 역사적 의의가 아주 깊단다.

집강소
동학 농민군이 자치적으로 질서를 지키며 개혁을 추진해 나간 기구야.

폐정 개혁안
전주 화약 때 동학 농민군이 내놓은 12개 조항의 개혁안이야. 탐관오리를 벌하고 토지를 분배하는 등의 내용을 담고 있지.

근대 국가로 나아가는 발판이 된 갑오개혁

1894년 청·일 전쟁을 일으킨 일본은 무력을 앞세워 조선 정부를 압박하여

우금치 전투 기록화 쓰러져 가는 동학 농민군이 보이지? 이 전투에서 대패해서 동학 농민 운동은 실패로 끝났어.

근대적인 개혁을 실시하게 했어. 이에 따라 개혁 기구인 군국기무처가 세워지면서 근대 국가로 발전하기 위한 갑오개혁이 실시되었지.

"아니, 양반이 사라지다니요? 내가 상민들과 같은 신분이 되었다고요?"

"아이고, 과거 제도가 사라졌다고요?"

조선은 갑오개혁을 통해 갑신정변과 동학 농민 운동에서 줄기차게 주장해 왔던 신분 제도 폐지를 실현했어. 이제 법적으로 양반도 상민도 노비도 서자도 없어지고 모두 평등한 세상이 된 것이지. 또 오랫동안 각종 부정부패의 온

상이었던 과거 제도를 폐지하는가 하면, 청나라의 간섭에서 벗어나고자 1392년 이성계가 조선을 세운 건국 연대를 기준으로 연대를 헤아리도록 했어. 이 밖에 과부들의 재혼도 허용하고, 꼬마 신랑과 어린 신부를 낳았던 조혼의 악습도 없애 버렸지.

한편 낭비와 부정부패를 막기 위해 탁지아문 한 곳에서만 재정을 관리하

갑오개혁으로 일어난 변화

게 했어. 이로써 세금을 거둬들이고 경비를 지출하는 일을 하나의 관청에서 관리하게 된 거야. 오늘날로 말하자면 기획재정부와 같은 일을 한 거였지. 그 밖에 세 치 혀, 5척 단신, 한 근, 두 근 등으로 사용하던 도량형을 미터와 킬로그램으로 통일하기도 했어.

갑오개혁은 우리나라가 본격적으로 근대화를 이루게 되는 출발점이란 점에서 큰 의미가 있어. 하지만 일본의 간섭으로 군사 개혁이나 농민이 바라는 토지 개혁 등은 진행되지 않은 심각한 문제점도 안고 있단다.

태평천국 운동과 동학 농민 운동은 닮은꼴

청나라에서 일어난 최대 규모의 농민 전쟁인 태평천국 운동(1851~1864)과 우리나라 최대 규모의 동학 농민 운동은 여러 면에서 닮은 점이 많단다.

태평천국 운동을 이끈 홍수전은 평등한 세상을 주장하며 토지를 균등하게 분배하고, 나쁜 풍속을 없애며, 남녀평등을 이룩하자고 주장했지. 그 기세가 참으로 대단해서 '만주족을 몰아내고 한족의 나라를 다시 세우자.'고 외치며 난징을 중심으로 무려 10년 이상 세력을 떨쳤어. 결국 청나라는 스스로의 힘으로는 도저히 이들을 막아 낼 수 없자, 영국군에게 도움을 청했단다.

최제우가 창시한 동학도 홍수전의 사상처럼 '인간이 곧 하늘'이라는 인간 평등사상을 주장했지. 또 관군과 일본군이 손잡고 동학 농민 운동을 실패로 돌아가게 만든 것도 태평천국 운동의 진압 과정과 매우 비슷하단다.

집강소 방문 취재기

사발통문과 집강소

안녕하십니까? 오늘 기자는 새로운 개혁이 실천되고 있는 현장, 집강소에 나왔습니다. 마침 현장에서는 집강이 잘못을 저지른 양반을 불러와 재판을 하고 있습니다. 잠시 집강소에 머무르고 있는 전봉준 장군을 만나 비밀 인터뷰를 해 보도록 하겠습니다. 오늘 취재하는 내용은 여러분에게만 알려 드립니다. 관군이 알면 안 되니까요!

안녕하십니까? 전봉준 장군을 이렇게 만나다니 영광입니다. 사발통문에 대해 질문 드립니다. 사발통문은 무엇인가요? 왜 사발을 엎어 놓고 글을 써 놓았지요?

어린이 독자들에게 우리의 활동을 알리게 되어 나도 참 반갑소. 사발통문이란 사발을 이용한 통신문을 말하는 것이오. 이 사발통문에는 사발을 엎어 놓고 참여자들의 이름을 순서 없

이 빙 돌아가며 적었소. 관군이 입수하더라도 주모자가 누구인지 모르게 하기 위함이오.

저도 사발을 엎어 놓고 저랑 생각이 같은 친구들의 이름을 쭉 써 보고 싶네요. 용돈을 올려 달라고 하면서요. 집강소의 활동이 대단하다는데, 집강소는 어떻게 생기게 됐나요?

집강소에서 실시한 폐정 개혁안 12개조에는 매우 놀라운 내용이 담겨 있는데요. 어떠한 것들이 있는지 설명해 주세요.

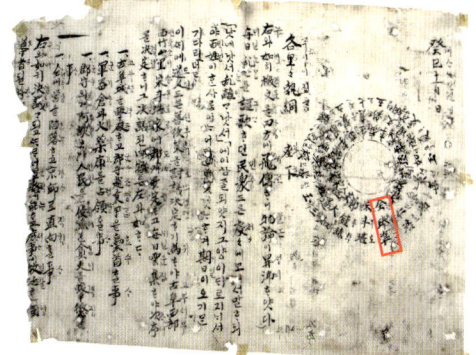
사발통문 아래쪽 가운데 부분에 전봉준의 이름이 있어.

전봉준 공원의 부조 사발통문을 쓰는 전봉준의 모습

동학 농민군은 전주 화약 이후, 우리가 주장하는 개혁안을 전라도에서 실천해 나갔소. 우리 스스로 개혁을 추진해 나가기 위해 만든 조직이 바로 집강소요. 집강소에는 집강이라고 부르는 책임자 밑에 서기와 감찰을 맡은 성찰을 두고, 집사와 동몽이 실질적인 행정 일을 보고 있소.

집강소에서는 개혁안에 따라 탐관오리, 못된 짓을 일삼는 양반 유생과 부자들, 일본에 아첨하며 통하는 자들을 혼내 주고 있소. 또 소와 돼지를 잡는 백정들에 대한 차별 대우를 없애고, 과부도 재혼할 수 있게 하고 있다오. 그리고 농민에게 너무나 부담스러웠던 농가 빚도 없애 주고 있소.

1866년
병인양요가 일어나다

1876년
강화도 조약이 맺어지다

1882년
임오군란이 일어나다

1887년
경복궁에 전기가 들어오다

1894년
동학 농민 운동이 일어나다

1895년
단발령이 내려지다

1905년
을사늑약이 맺어지다

외세를 물리치고자 대한 제국을 세우다

1897년 조선은 나라의 이름을 대한 제국으로 바꾸고 세계에 황제 중심의 나라로 새롭게 탄생했음을 알렸어. 하지만 대한 제국이 탄생하기까지는 수많은 어려움이 있었단다. 명성 황후가 일본인 자객에게 끔찍하게 시해되는가 하면 고종이 일본의 감시를 피해 러시아 공사관으로 처소를 옮긴 일도 있었어. 대한 제국은 서재필이 세운 독립 협회가 자주 독립 운동을 펼친 결과로 탄생한 거야. 이제 대한 제국이 어떻게 탄생했는지 알아보러 가자!

1910년
한·일 병합 조약

1919년
3·1 운동이 일어나다

1932년
윤봉길 의사 의거

삼국 간섭과 을미사변

　일본은 청·일 전쟁에서 승리한 뒤 조선에 더욱 심한 간섭을 했어. 영리한 명성 황후는 고종과 함께 일본의 간섭을 물리칠 방법을 궁리했지.

　한편 전쟁에서 승리한 일본은 청나라와 시모노세키 조약을 맺고, 랴오둥 반도와 타이완을 차지하게 되었어. 일본과 경쟁 관계에 있던 러시아는 일본이 점점 강해지는 것을 가만두려 하지 않았어.

　"어이, 프랑스와 독일, 우리 삼국이 힘을 합쳐 일본에 압력을 넣읍시다."

　러시아는 프랑스와 독일을 끌어들여 랴오둥 반도를 청나라에 돌려주라고 일본을 압박했어. 일본은 할 수 없이 압력에 굴복하여 랴오둥 반도를 돌려주었지. 이 일을 삼국 간섭이라고 한단다.

　"이번이 일본의 내정 간섭을 물리칠 좋은 기회로다."

　고종과 명성 황후는 러시아를 이용하여 일본을 물리칠 생각으로 새로운 내각을 출범시켰어. 새로운 내각의 중심 세력은 친러 인사인 이범진, 이완용 등이었어. 이 과정에서 일본의 영향력이 급속히 줄어들었지. 일본은 러시아를

명성 황후의 국장 모습을 담은 《명성황후국장도감의궤》 중 〈발인반차도〉야. 일본이 가져가 궁내청이 소장하고 있다가 2011년에 돌려주었지.

끌어들인 것이 명성 황후라고 생각했어.

그래서 1895년 일본은 다시 영향력을 회복하기 위해 경복궁에 자객 수십 명을 보내 명성 황후를 시해하는 을미사변을 일으켰어. 이 사건은 세계 역사상 그 유례를 찾아볼 수 없을 정도로 잔혹한 일이었단다.

을미사변 당시 명성 황후는 임오군란 때와 마찬가지로 기지를 발휘하여 궁녀 옷을 입고 숨어 있었어. 일본 자객들은 궁녀 가운데 용모가 아름다운 여성을 닥치는 대로 살해했어. 이에 명성 황후가 달아나다가 경복궁 내 건천궁 마당에서 시해되었지. 시해란 부모나 임금 같은 윗사람이 살해되는 일을 말해.

일본 자객들은 명성 황후의 시신을 비단 이불로 둘둘 말아 경복궁 숲 속으로 가져가 불태워 버렸단다.

우리가 일본을 용서할 수 없는 데는 여러 가지 이유가 있어. 왜구가 쳐들어와 수많은 사람을 죽이고 재물을 빼앗아 간 일, 임진왜란을 일으킨 일, 우리의 국권을 빼앗고 우리 국민을 노예같이 부리며 전쟁에 동원한 일 등이 그것이지. 을미사변 또한 우리 민족이 절대 잊을 수 없는 만행이란다.

을미개혁과 을미의병

일본의 야만적인 살해 행위는 조선의 주권을 짓밟은 것이었지. 국제 사회는 일제히 일본을 비난했지만, 일본 정부는 모르는 일이라고 발뺌하여 더욱 분노를 샀단다. 명성 황후를 없앤 일본은 새롭게 내각을 구성하여 유길준과 정병하 등 친일 대신들에게 여러 가지 개혁을 실시하게 했어. 이것이 1895년에 시행한 을미개혁이야.

그럼 어떤 개혁들이 있었는지 알아볼까? 먼저 건양이라는 고종의 새로운 연호를 정했어. 또 음력을 폐지하고 양력을 쓰게 했지. 걸렸다 하면 목숨을 앗아 가기 일쑤였던 천연두를 예방하기 위해 종두법도

> **연호**
> 연호는 왕이 재위하는 동안 연차를 헤아릴 때 앞에 붙이는 이름이야. 을미개혁 때 고종의 연호가 건양이 된 것이지.

실시했어. 갑신정변 이후 중단되었던 우편 제도를 다시 실시하기도 했지. 그 중에서도 가장 대표적인 개혁은 단발령이었어. 단발령이 뭐냐고? 한자 그대로 풀이하면 머리카락을 자르라는 얘기야. 나라에서는 닥치는 대로 길 가는 사람들을 붙잡아서 상투를 잘라 버렸어.

"아이고, 아이고! 부모님이 물려주신 머리카락을 잘리다니!"

　단발령은 당시 우리나라 사람들의 정서를 거스르는 일이었어. 백성들은 신체와 머리카락, 피부는 부모님이 물려주신 것이라 함부로 하지 않는다는 오랜 전통을 지키고 있었거든.

　이에 전국에서 을미사변과 단발령에 항거하는 의병이 일어났어. 의병의 중심 세력은 위정척사 운동을 펼쳐 왔던 유생들이었지. 이때 의병장으로 이소응과 유인석이 눈부시게 활약했어. 이소응은 춘천을 중심으로, 유인석은 충북 제천을 중심으로 활약을 펼쳤어. 강화도 조약 체결 당시 반대의 상소문을 올린 적이 있는 유인석은 한때 충주성을 점령하여 일본군의 간담을 서늘하게 만들기도 했단다.

　을미의병은 개항 이후에 일어난 최초의 의병으로서 그 의미가 뜻깊단다. 일본에 대한 참을 수 없는 분노가 우리 민족을 일으켜 세운 것이었지. 그야말로 을미의병은 우리의 힘으로 일본을 몰아내겠다는 항일 정신이 깃든 운동이었어. 을미의병으로 첫걸음을 시작한 의병 운동은 임진왜란의 의병 정신을 이어받아 일본의 침략으로부터 국가와 민족을 지키겠다는 민족 운동의 한 흐름으로 계속됐단다.

독립 협회가 세워지다

1896년 전국은 항일 의병 운동으로 소란스러웠어. 고종은 을미사변 후 신변의 위협 때문에 식사조차 제대로 못 할 지경이었지. 이때다 싶어 친러 대신들은 고종을 설득하여 거처를 러시아 공사관으로 옮겼어. 이것이 바로 아관 파천이야.

고종이 러시아 공사관에서 머문 약 일 년 동안 우리의 이권이 열강에 팔려 나가기 시작했어. 우리의 광산, 삼림, 금광, 전기, 전화, 철도 부설권 등이 러시아가 중재하는 가운데 미국, 일본, 프랑스, 독일 등에 헐값에 팔려 나갔지.

중국 사신을 맞이하는 모화관 앞에 세웠던 영은문.
이 문을 헐어 낸 건 독립 의지의 표현이었어.

독립문은 영은문을, 독립관은 모화관을 대신해 세웠는데,
둘 다 독립을 상징하는 건축물들이야.

이렇게 나라의 자주권이 크게 위협받게 되자, 미국에 망명했다가 돌아온 서재필과 개화파 지식인들이 독립신문을 발행하고 독립 협회를 세우는 등 자주 독립운동을 펼쳐 나갔어.

독립 협회는 독립신문에 사설을 실어 국민의 독립 정신을 북돋우고 국민이 나라의 중심이 되어야 한다는 생각을 키워 나갔어. 독립 정신을 널리 알리려고 명나라 사신을 환영하는 영은문이 있던 자리에 독립문도 세웠지. 독립관에서는 나라를 살리기 위한 각종 집회와 토론회가 자주 열렸어. 또 고종이 궁으로 돌아와야 한다는 환궁 운동도 활발히 펼쳐졌지.

독립 협회는 만민 공동회라는 민중 대회도 열었어. 이 집회에서는 정치와 사회 문제에 대한 열띤 토론과 연설이 펼쳐졌지. 1898년에는 무려 1만여 명의 민중이 종로에 모여 한목소리로 나라를 살리자며 만민 공동회를 열기도 했어.

관민 공동회 기록화 관민 공동회에서는 백정 박성춘처럼 누구든지 단상에 올라 자신의 정치적 의견을 밝힐 수 있었어.

만민 공동회는 관리들까지 참여하게 되면서 관민 공동회로 발전했어. 관민 공동회에서는 심지어 사회 밑바닥 계층인 백정까지 앞장서서 자신의 생각을 연설했단다.

당시 백정 박성춘이 단상에 올라 이렇게 외쳤어.

"나는 대한 제국의 가장 천한 백성이고, 일자무식한 사람입니다. 하지만 충군애국(忠君愛國)의 뜻은 대강 알고 있습니다. 충군애국이야말로 나라를 이롭게 하고 백성을 편안하게 하는 길입니다. 이는 백성과 관리가 마음을 한데 모아야만 가능합니다."

관민 공동회는 외국 세력에 기대려고만 하는 정치 행태를 무섭게 비난했어. 또 중추원을 의회로 만들기로 했지. 이러한 결정은 바로 고종에게 건의되었어. 고종도 중추원을 의회로 만들어도 좋다고 허락했지.

하지만 백성의 힘이 커지는 것을 두려워한 보수 관료들은 고종에게 독립 협회를 모함했어. 독립 협회가 왕을 없애고 공화정을 만들려 한다고 말이야. 또 황국 협회의 힘을 빌려 독립 협회가 집회를 열 때 훼방을 놓았어. 황국 협회는 장터를 돌아다니며 물건을 파는 보부상들이 조직한 단체인데, 보수 대신들의 지시를 받아 집회에서 폭력을 휘두르고 다녔지.

고종은 두 단체가 격렬하게 다툼을 벌여 부상자가 늘어나자, 1898년 독립 협회를 해산하라고 명령했어.

대한 제국의 탄생

독립 협회를 중심으로 나라의 자주 독립을 주장하는 목소리가 점점 높아져 갔어. 러시아 공사관에 있는 고종에게 궁궐로 돌아오라는 요청도 빗발쳤지.

환구단(오른쪽)에서 고종의 황제 즉위식이 열렸어. 황궁우(왼쪽)는 환구단의 부속 건물로, 하늘과 땅의 모든 신의 위패를 모셔 둔 곳이야.

고종 황제 황제만 입을 수 있는 황룡포를 입었지.

드디어 고종은 결심을 하고 일 년여 만에 경운궁(덕수궁)으로 돌아왔어.

1897년 고종은 연호를 광무로 바꾸고, 환구단에서 황제 즉위식을 거행했어. 고종은 즉위식에서 새롭게 탄생한 제국의 이름을 대한이라고 선포했지. 대한 제국은 청나라의 간섭에서 벗어나 자주적인 독립국으로서 세계에 우뚝 서려 한 거야. 이후부터 대한 제국이 추진한 개혁을 광무개혁이라고 해.

1897년 고종은 대한 제국의 헌법이라고 할 수 있는 대한국 국제를 발표했어. 대한국 국제에는 황제가 입법, 행정, 사법, 군사 등 모든 분야의 권한을 갖는다고 되어 있었어. 광무개혁은 옛 것을 토대로 점진적 개혁을 추진해 나간다는 목표 아래 이루어졌어. 나라에서는 토지를 새롭게 측량하고, 토지의 소유권을 적은 지계를 발행했어. 또 상공업을 발전시키려고 여러 회사와 공장을 세웠지.

"국가가 발전하기 위해서는 교육을 잘 시켜야 한다. 학교를 설립하라."

고종의 의지대로 광무개혁 동안 새로운 기술자와 경영인을 배출하는 실업 학교, 의학자를 양성하는 의학교, 한성 소학교, 중학교, 사범 학교 등 각종 학교가 세워졌어.

광무개혁 중 가장 뜻깊은 개혁은 외세의 침략에 스스로 맞설 수 있도록 군사 제도를 새롭게 한 거야. 이를 위해 군대를 시위대와 진위대로 편성했지. 시위대는 서울과 궁궐을 수비하는 군대였고, 진위대는 지방을 지키는 군대였단다.

그런데 대한 제국이 펼친 광무개혁은 순탄하지만은 않았어. 고종 황제를 보좌하는 신하들은 외국 세력에 기대려고 하는 보수적인 대신들이 많았거든.

그래서 독립 협회도 강제로 해산시키고, 여러 강대국을 끌어들여 내정 간섭을 받게 되었지. 그러는 사이 우리의 경제적 이권은 강대국들에 헐값에 팔려 나갔어. 또한 집권 세력의 부정부패는 백성들의 삶을 더욱 고달프고 어렵게 만들었단다.

변법자강 운동과 만민 공동회

1898년 청나라와 조선에서는 나라를 발전시킬 수 있는 커다란 움직임이 일어났어. 먼저 청나라에서 일어난 변법자강 운동에 대해 알아볼까?

청나라는 청·일 전쟁에서 진 뒤 서양 열강에게 이권을 빼앗길 위기에 놓였어. 이러한 위기에서 벗어나기 위해 지식인들이 황제를 설득하여 의회를 설립하는 등 정치 개혁을 추진했어. 이 운동이 바로 변법자강 운동이야. 이들은 과거 제도를 폐지하며, 신교육을 실시하고, 상공업을 발달시키는 개혁을 추진했어. 개혁파 뒤에는 광서제의 든든한 뒷받침이 있었지.

그러나 개혁이 두려운 서태후는 보수파를 동원하여 변법자강 운동을 진압해 버렸어. 결국 개혁파는 망명을 가고, 광서제도 세상에서 격리된 채 죽음에 이르게 되었지.

만민 공동회는 독립 협회가 우리나라 최초로 개최한 민중 집회야. 관리들까지 집회에 참여하면서 관민 공동회로 발전했지. 변법자강 운동과 마찬가지로 관민 공동회에서도 의회를 설립하려고 했어. 하지만 만민 공동회 역시 보수적인 관리들의 탄압으로 해산되었단다.

집중 탐구

독립신문

독립신문 창간과 첫 논설

4월 7일이 되면 우리나라 언론인들은 모두 직장에 나가지 않고 쉰단다.
왜 그런지 아니? 이날이 바로 신문의 날인데, 우리나라 역사상 최초로 발행된
민간 신문이자 근대적 일간지인 독립신문을 기념하기 위해서야.
독립신문은 미국에서 망명하다 돌아온 서재필과 개화파 지식인들이 힘을
모아 발행했어. 주시경 선생의 주장을 받아들여 순 한글로 발행되었지.
신문을 발행하는 데 드는 돈은 모두 나라에서 대 주었어.
독립신문을 창간한 날 발표한 첫 논설을 함께 읽어 볼까?

우리가 독립신문을 오늘 처음으로 출판하는데, 조선 속에 있는
모든 사람들에게 우리의 주장을 미리 아시게 함이라.
우리는 첫째, 편벽되지 아니한 고로 무슨 당에도 상관이 없고, 높은 사람, 낮은 사람,
귀한 사람과 천한 사람을 달리 대접하지 아니하고, 모두 조선 사람으로만 알고,
조선만을 위하여 공평하게 말할 터인데, 우리가 서울 백성만 위할 것이 아니라
조선 전국 사람을 위하여 무슨 일이든지 대신하여 말해 주려 함.
정부에서 하시는 일을 백성에게 전할 터이요, 백성의 정세를 정부에 전할 터이니
만일 백성이 정부의 일을 자세히 알고, 정부에서 백성의 일을 자세히 아시면,
서로에게 유익한 일만 있을 것이요, 불평스러운 마음과 의심하는 생각이 없어질 터이옴.
……
우리는 바른 대로만 신문을 만들 것이므로, 정부 관리라도 잘못하는 이 있으면
우리가 말할 터이요, 탐관오리들을 알면 세상에 그 사람이 한 일을 널리 알릴 터이요,
사사로운 백성이라도 법을 어기는 일을 하는 사람은 우리가 찾아 신문에 볼 터이옴.
(중략)

잠깐 인터뷰

안녕하십니까? 한국사 뛰어넘기 독자 여러분,
오늘 기자는 독립 협회를 설립한 서재필 박사를 만나 보았습니다.

- 서재필 박사님, 언제 독립신문을 창간하셨나요?
- 1896년 4월 7일 독립신문을 발행했습니다. 우리에게 참 뜻깊은 날이지요.
- 독립신문이 왜 중요한지도 말씀해 주세요.
- 독립신문은 우리나라 최초로 민간에서 발행한 한글 신문입니다.
- 외국인에게 우리의 사정을 알리기 위해 영문판으로도 발행되었지요.

갑신정변 당시 19세의 나이로 미국에 망명했던
서재필이 귀국해 독립 협회를 세웠어.

1866년
병인양요가 일어나다

1876년
강화도 조약이 맺어지다

1882년
임오군란이 일어나다

1887년
경복궁에 전기가 들어오다

1894년
동학 농민 운동이 일어나다

1895년
단발령이 내려지다

1905년
을사늑약이 맺어지다

6
국권을 지키려는 운동이 일어나다

러·일 전쟁에서 승리한 일본이 우리나라의 외교권을 빼앗아 가자, 고종은 만국 평화 회의가 열리는 네덜란드 헤이그에 특사를 파견했어. 하지만 특사 파견은 실패로 돌아갔지. 일본은 특사를 파견한 책임을 물어 고종을 강제로 퇴위시켰어. 이에 분노한 우리 민족은 국권을 지키고자 강렬하게 투쟁했어. 지식인들은 목숨을 걸고 애국 계몽 운동을 펼쳤고, 의사들은 민족의 원수를 처단했지. 이제 국권을 되찾기 위해 힘겹게 투쟁했던 1900년대의 역사 속으로 떠나 볼까?

1910년
한·일 병합 조약

1919년
3·1 운동이 일어나다

1932년
윤봉길 의사 의거

강제로 맺은 을사늑약

러시아와 일본은 서로 조선을 차지하기 위해 치열하게 경쟁을 벌였어. 결국 한 치의 양보도 없는 가운데 1904년 러·일 전쟁이 벌어졌지. 러·일 전쟁은 러시아와 일본 사이의 전쟁이었지만, 대한 제국을 시련 속에 몰아넣었어. 일본이 영국과 미국의 전폭적인 지지를 받아 본격적으로 우리의 주권을 빼앗는 데 나섰기 때문이야.

일본은 러·일 전쟁이 시작되자 바로 한·일 의정서라는 조약문을 내밀며 어느 나라 편도 들지 않으려는 우리나라에게 일본 편을 들라고 강요했어. 이 조약으로 일본은 우리 땅 중 군사적으로 중요한 지역을 그들 마음대로 사용하게 되었지.

몇 달 뒤에는 일본이 추천하는 고문이 우리나라를 다스리게 되었어. 1905년에는 일본과 미국 사이에 가쓰라·태프트 밀약이 맺어져 일본이 한국을, 미국이 필리핀을 차지하는 것을 서로 인정해 주었지. 이렇게 강대국들은 땅따먹기 놀이를 하듯 약한 나라를 자기들의 먹잇감으로 삼았어.

러·일 전쟁이 일본의 승리로 끝나자, 대한 제국의 앞날은 더욱 어두워졌어. 전쟁 후 일본은 미국과 영국의 지지를 받아 국제적으로 대한 제국을 식민지로 만드는 것을 인정받았지.

여세를 몰아 1905년 일본은 을사늑약을 통해 우리의 외교권까지 빼앗아 갔어. 외교권

헐버트가 발행한 〈한국인 신문 Korean Newspaper〉에 실린 을사늑약을 풍자한 그림이야. 일본이 우리나라를 위협해서 강제로 조약을 맺은 걸 알 수 있어.

을 빼앗긴다는 것은 나라가 멸망 직전에 이르렀다는 것을 의미한단다.

을사늑약은 대포와 총으로 무장한 군인들이 덕수궁을 에워싼 가운데 을사 5적이라고 불리는 매국 대신들이 앞장서 체결되었어. 고종은 끝까지 이 조약을 반대하여 조약문에 서약하지 않았어. 국제법상으로 무효였던 거지. 그러나 일본은 강제로 얼렁뚱땅 맺은 을사늑약을 앞세워 통감부를 설치하고, 첫 통감으로 이토 히로부미를 보냈어.

매국
나라를 팔았다는 뜻이고, 매국노는 '나라를 팔아먹은 놈'이라는 뜻이야.

1905년 11월 20일자 황성신문에 장지연이 '시일야방성대곡'이란 사설로 을사늑약이 맺어진 것을 폭로했어. 이에 국민들은 분노했고 전국 각지에서 을사늑약을 무효화시키려는 투쟁이 일어났지. 상인들은 가게 문을 닫아걸고, 학생들은 자진 휴학하는 것으로 분노를 표출했어. 이상설, 최익현 등은 조약을 무효화하고 매국노를 처단하라는 상소를 올렸지.

명성 황후의 조카인 민영환 선생은 전 국민에게 자주 독립을 이루길 당부하는 유서를 남기고 스스로 목숨을 끊어 순국했어. 한데 신기한 일이 일어났어.

"이럴 수가! 돌아가신 민충정공의 피 묻은 옷을 보관하던 방에서 대나무가 솟아났습니다!"

이것을 두고 민영환의 혈죽이라고 해. 당시 일본 사진사가 찍은 사진이 지금도 고려대 박물관에 보관되어 있지.

헤이그 특사를 보낸 고종의 운명

고종은 뒤늦게 을사늑약을 무효로 돌리려고 백방으로 노력을 기울였어. 대한매일신보에 을사늑약이 무효임을 선언하는 기사도 실었지. 대한매일신보는 영국인 베델이 양기탁과 함께 손을 잡고 발행한 신문이야. 당시 영국은 일본과 동맹 관계라 신문을 발간할 때 일본의 간섭을 덜 받았지. 또 고종은 황실 고문으로 미국에 머물고 있는 미국인 선교사 헐버트에게 편지를 보냈어.

"짐은 총칼의 위협과 강요 아래 최근 일본과 대한 제국 사이에 맺어진 을사늑약이 무효임을 선언한다. 짐은 이에 동의한 적도 없고, 앞으로도 결코 동의하지 아니할 것이다. 이 뜻을 미국 정부에 전달하기 바란다."

하지만 이미 미국은 일본의 대한 제국 지배를 인정한 터라 아무 소용이 없었어. 고종은 다급한 마음에 우리에게 외교권이 없다는 것을 알면서도 1907년 6월, 네덜란드 헤이그에서 열리는 만국 평화 회의에 특사를 보내 우리의 억울함을 호소하기로 했어. 이준, 이상설, 이위종이 특사로 파견되었지.

그러나 대한 제국의 특사들은 일본 대표의 항의를 받아 회의장에 입장하는 것조차 불가능했어.

"저들은 외교권이 없는 자들이오. 회의장에 절대 입장할 수 없소."

다만 이위종이 유창한 영어로 만국 기자 협회에서 대한 제국의 억울한 입장을 호소했지. 그 활동이 기사화되면서 한국의 사정이 세계에 널리 알려지게 되었단다.

그러나 대한 제국에 통감으로 온 이토 히로부미는 헤이그 특사를 보낸 책임을 물어 고종 황제를 강제 퇴위시켰어. 이후 순종이 황제가 되었는데, 순종은 몸이 매우 좋지 않은 유약한 분이셨어. 이토 히로부미는 다시 새로운 조약을 강제로 맺게 해서 일본인을 대한 제국의 관리로 임명하기 시작했어. 또 나랏돈이 부족하다는 이유로 대한 제국의 군대마저 강제로 해산시켜 버렸지.

애국 계몽 운동을 펼쳐 나가다

이렇듯 나라가 위기에 빠지자, 국권을 되찾기 위해 애국 단체들이 만들어졌어. 교육, 산업, 언론 분야에서 애국 단체들이 나라의 힘을 키우자며 활발히 활동했지. 이렇게 펼쳐진 운동을 애국 계몽 운동이라고 한단다.

러·일 전쟁 중에 일본은 우리의 황무지를 빼앗으려고 했어. 정치 단체인 보안회 회원들이 결사적으로 반대하는 운동을 벌였지. 비록 보안회는 해산당했지만 황무지는 지킬 수 있었단다. 뒤이어 헌정 연구회, 대한 자강회, 대한 협회 등 애국 정치 단체들이 줄줄이 생겨났어.

대한매일신보 편집국 기자들 왼쪽에서 두 번째 인물이 신문을 통해 국채 보상 운동을 적극적으로 홍보했던 양기탁이야.

"허허, 나는 자네가 신민회 회원인 것을 전혀 몰랐네. 하긴 자네도 내가 신민회 회원인 것을 몰랐지? 우리 단체는 워낙 비밀 조직이라서……."

신민회는 안창호, 양기탁, 이회영, 이승훈 선생 등이 조직한 대표적인 애국 단체야. 일본이 국권 회복 운동을 막았기 때문에 비밀리에 활동할 수밖에 없었지. 신민회는 도자기 회사와 서점을 경영하고, 만주에 독립운동 기지를 세워 독립군을 길러 냈어. 또 민족의식을 북돋울 수 있는 여러 학교를 세워 수많은 독립운동가를 탄생시켰어.

한편 국어와 역사 연구도 활발하게 펼쳐졌어. 또 신문을 통해 수많은 지식인들이 국민을 계몽하고 일본에 대한 저항 의식을 일깨우는 데 참여했어. 황성신문이나 대한매일신보가 대표적인 사례였지.

1907년에는 국민들이 한 푼 두 푼 돈을 마련해서 일본에 진 나랏빚을 갚자는 국채 보상 운동이 일어났어. 경제적 자립을 통해 일본의 손아귀에서 벗어나려고 한 거야. 앞집 최 서방이 담배를 끊어 쌈짓돈을 마련하고, 개똥이 엄마는 결혼할 때 받은 금가락지마저 아낌없이 내놓았어. 수많은 국민들이 술과 담배를 끊고 패물까지 내놓으며 나랏빚을 갚으려고 애썼지. 하지만 결국에는 일본의 방해로 국채 보상 운동은 실패로 돌아갔어.

민족 사학자 박은식 선생은 언론인으로 애국 논설을 썼던 분이면서 일제 강점기에는 대한민국 임시 정부의 대통령이었던 분인데 이런 말씀을 하셨어.

"비록 나라는 망하더라도 혼이 사라지지 않으면 다시 일어설 수 있다."

나라를 살리겠다는 혼과 정신이 나라를 일으키는 데 얼마나 중요한 것인지 잘 새겨 두어야겠지?

의거와 의병 투쟁

먼저 국권을 회복하기 위해 펼친 의거 활동부터 알아볼까? 1908년 미국 동포 전명운과 장인환 의사는 일제의 악명 높은 앞잡이였던 외교 고문 스티븐스를 샌프란시스코에서 의거했어. 이 의거는 수많은 의사들에게 감명을 주었지.

"탕, 탕탕, 탕탕탕!"

1909년 10월 26일 만주 하얼빈 역에서 여섯 발의 총성이 울려 퍼졌어. 러시아를 방문 중이던 이토 히로부미와 그의 뒤를 따르던 수행원들이 순식간에 피를 쏟으며 쓰러졌지. 사람들은 누가 이 엄청난 일을 했을까 궁금해하며 주위를 둘러보았어. 이때 한 청년이 품속에서 태극기를 꺼내 펼치더니, 러시아 말로 "코레아 우라(대한민국

> **의거**
> 개인 또는 집단이 국권을 되찾기 위해 의로운 일을 벌이는 것을 말해. 의사란 무기나 무력을 이용하여 의로운 일을 하신 분들을 가리키는 거야.

만세)!"라고 외쳤어.

그 용감한 청년이 바로 안중근 의사였어. 오늘날까지도 안중근 의사는 일본인을 비롯해 수많은 사람들에게 존경받고 있어. 끝내 도망가지 않고 한국인임을 당당히 밝혔던 그 용기가 많은 사람들에게 큰 감동을 준 것이지.

안중근의 의거에 감명을 받은 이재명 의사는 매국 대신 이완용을 저격하려고 시도했어. 이완용을 칼로 찔러 중상을 입힌 이재명은 "대한 독립 만세!"를 외친 뒤 체포되었지. 또 나인영과 오기호 등은 5적 암살단을 조직하여 활동했어. 대종교의 창시자로도 널리 알려진 나인영은 1910년 나라가 망하자 유서를 써 놓고 자결했단다.

한편 의병 투쟁 또한 활기를 띠었어. 1907년 8월 일제에 의해 나라 살림이

어렵다는 구실로 군대가 강제로 해산되었어. 울분을 참지 못한 대대장 박승환은 자결로써 항의했지. 가뜩이나 고종의 강제 퇴위로 격앙되어 있던 군인들은 무기를 반납하지 않고 일본군과 격렬한 시가전을 벌였어. 이렇게 해산된 군인들이 일제에 저항하여 일으킨 의병을 정미의병이라 한단다.

의병 부대는 정미의병 때부터 새롭게 변신했어. 해산된 군인들이 들어오면서 그동안 변변한 무기조차 없었던 의병들이 근대식 무기를 갖추고 전술을 교육받아 조직력이나 전투력이 성장하게 된 것이지. 게다가 의병 부대에는 양반과 농민뿐 아니라 노비, 상인, 승려, 포수 등 날로 다양한 직업과 신분을 가진 사람들이 모여들었어. 이제 각계각층의 사람들이 한데 어우러지는 진짜 국민들의 의병 부대가 된 거야.

이 밖에도 수많은 의병이 있었어. 전라도 보성의 머슴 출신 안재홍이나 태백산 호랑이란 별명의 신돌석, 함경도 포수 출신 홍범도가 그 이름이 높았지.

안사람 의병가

아무리 왜놈들이 강성한들
우리들도 뭉치면 왜놈 잡기 쉬울세라.
아무리 여자인들 나라 사랑 모를소냐.
아무리 남녀가 유별한들 나라 없이 소용 있나.
우리도 나가, 의병하러 나가 보세.
의병대를 도와주세.
금수에게 붙잡히면 왜놈 시정 받들소냐.
우리 의병 도와주세.
우리나라 성공하면 우리나라 만세로다.
우리 안사람 만만세로다.

윤희순은 〈안사람 의병가〉라는 노래를 지어 아낙네들을 모아 일본군에 맞섰어.

그리고 윤희순이라는 우리나라 최초의 여자 의병장도 있었어. 1895년 윤희순은 명성 황후가 시해당하자 남편과 시아버지를 따라 의병 활동에 나섰어. 윤희순은 〈안사람 의병가〉 등을 지어 여성들의 참여를 이끌었지. 또 직접 참여하지 않더라도 많은 사람들이 갖은 방법으로 의병을 도왔어. 의병들에게 음식을 만들어다 주거나 몸을 숨겨 주기도 했지.

그러나 일제는 의병을 돕는 사람들을 가만두지 않았단다. 사람들이 의병을 돕는가 싶으면 마을을 불태우거나 주민들을 학살하기 일쑤였지. 이후 의병들은 일제의 무자비한 보복이 심해지자, 간도나 연해주 등으로 근거지를 옮겨 항일 무장 독립군으로 활약하게 된단다.

연해주
1860년 러시아가 베이징 조약의 대가로 얻은 땅이야. 블라디보스토크가 이곳의 대표적인 도시란다.

신해혁명과 중화민국의 탄생

1910년 대한 제국은 일제에 의해 국권이 강탈되었어. 한 해 뒤인 1911년에는 청나라에서 신해혁명이 일어났지. 우리나라가 식민지 시대를 겪으며 움츠리고 있던 그때, 중국은 신해혁명을 일으켜 청나라를 무너뜨리고 중화민국을 탄생시켰어.

신해혁명은 무능한 청 왕조가 나라 살림이 어려워지자, 외국으로부터 돈을 끌어들이려고 민간 철도를 국유화하려 한 데서 비롯되었어. 중국인들은 철도를 지키려고 10월 10일 우창에서 군사 봉기를 일으켰어. 우창 봉기는 순식간에 전국적으로 퍼져 나갔지.

이때 해외에서 중국인의 열렬한 지지를 받던 쑨원이 귀국했어. 중국 혁명 동맹회를 조직했던 쑨원은 청 왕조를 격렬히 반대하는 운동을 펼쳐 나갔어. 또 경제를 살리려면 토지 개혁을 실현하고, 국민이 국가의 주인이 되어야 한다는 혁명적인 주장을 했지. 혁명을 이끈 쑨원은 국민의 열렬한 지지를 받았어. 1912년 쑨원은 난징을 수도로 하여 중화민국을 세우고 임시 대총통이 되었어.

헤이그 특사 따라잡기

헤이그 특사의 여정

헤이그 특사가 파견된 1907년, 대한 제국의 황실은 감시를 받는 형편이어서 특사에게 당연히 주어야 할 여비를 제때 주지 못했어. 왜냐하면 이준, 이상설, 이위종 이 세 명의 특사들은 일제의 눈을 피해 몰래 임무를 수행하는 밀사였거든. 그들은 동포에게서 모금한 돈으로 네덜란드 헤이그까지 1만 킬로미터가 넘는 먼 길을 갈 수 있었어. 함께 그 여정을 따라가 볼까?

 헤이그 도착(1907. 6. 25.)

특사는 한국을 떠난 지 두 달 만에 네덜란드 헤이그에 도착했지만, 안타깝게도 만국 평화 회의장에 입장조차 거부당했어. 막중한 임무를 지고 갔으나 일본의 방해로 할 수 있는 일이 없었던 거지. 이에 격분한 이준 열사는 상심하여 헤이그에서 순국했어. 그런데 장례를 치를 돈이 없는 거야. 두 특사는 피눈물을 흘리며 이준 열사의 시신을 헤이그에 남겨 둔 채 다시 블라디보스토크로 와서 동포들의 도움으로 장례비를 마련했어. 그 후 다시 또 먼 길에 올라 이준 열사의 장례를 치렀단다. 정말 말로 다 할 수 없는 눈물겨운 여정이었지.

헤이그 특사를 소개한 '만국 평화 회의보'야.

이위종의 명연설 '한국을 위한 호소'가 세계의 기자들에게 감명을 주어 기사화되었어.

상트페테르부르크에서 헤이그로 출발(1907. 6. 19.), **이위종 합류**
주러 공사인 이범진이 내 아버지요. 나는 5개 국어를 할 수 있소. 아버지의 부탁을 받고 러시아 상트페테르부르크에서 이준, 이상설 선생과 만나 6월 25일 헤이그에 도착했소.

블라디보스토크 출발(1907. 5. 21.), **이상설 합류**
나는 북간도에서 출발하여 블라디보스토크에서 이준과 합류한 뒤 5월 21일 이위종을 만나러 시베리아 열차에 올라탔소.

이준 서울 출발(1907. 4. 22.)
1907년 4월 22일 나는 서울을 출발했소. 4월 23일 부산에서 배로 갈아타고 블라디보스토크로 갔지요. 거기까지 사흘이 걸렸소. 그때만 해도 내가 다시는 조국으로 못 돌아올 줄 꿈에도 몰랐다오.

헤이그에 있던 이준 선생 묘 이준 선생의 유해는 1963년 수유리 묘지로 옮겨져 지금은 헤이그에 기념비만 남아 있어.

1866년
병인양요가 일어나다

1876년
강화도 조약이 맺어지다

1882년
임오군란이 일어나다

**1887년
경복궁에 전기가 들어오다**

1894년
동학 농민 운동이 일어나다

1895년
단발령이 내려지다

1905년
을사늑약이 맺어지다

눈이 번쩍 귀가 번쩍 신문물이 들어오다

우리 땅을 열강들이 호시탐탐 노리는 가운데 신문물이 물밀듯이 밀려왔어. 시내에 커다란 전차가 달리고 경복궁에 전기가 들어왔지. 전화도 쓸 수 있게 됐어. 하지만 대한 제국의 앞날은 몹시 어두웠어. 그래도 애국지사들은 민족의 자긍심을 잃지 않으려고 노력했어. 신문을 펴내 국민들에게 독립 의지를 일깨우고, 우리말과 우리 역사를 가르쳤지. 자, 이제 근대 문물이 쏟아져 들어오던 그때로 시간 여행을 떠나 볼까?

1910년
한·일 병합 조약

1919년
3·1 운동이 일어나다

1932년
윤봉길 의사 의거

건달불이 켜지고 전화가 되는 새 세상으로!

　대한 제국은 나라의 문을 연 뒤 외세의 간섭으로 어려움을 겪으면서도 새로운 문물을 받아들여 하루빨리 강한 나라가 되어야겠다는 희망을 품었어. 새롭게 받아들인 신문물을 바탕으로 누구에게도 휘둘리지 않는 자주 독립 국가를 이루어야겠다는 의지가 애국지사들을 중심으로 널리 퍼진 것이지.

　고요하던 이 땅에 근대 서양 문물이 쏟아져 들어오기 시작했어.

　"또 도 도 또 도 도······."

　상투를 틀고 도포를 입은 교환수가 전신을 보내는 모습을 상상해 봐. 왠지 무척 진지한 표정이었을 것 같지 않니? 전신은 문자나 숫자를 전기 신호로 바꾸어 전파나 전류로 보내는 통신이야. 근대 문물 중 전신과 같은 통신 시설이 가장 먼저 들어왔지. 요즘은 초등학생들까지 휴대폰을 들고 다니지만, 그때는 먼 곳에 있는 사람에게 부호로 정보를 전달할 수 있다는 것만도 엄청나게 신기한 일이었어. 청나라와 일본은 통신에 대한 이권을 먼저 차지하기 위해 앞다퉈 서울과 인천, 서울과 의주, 서울과 부산 사이에 전신을 설치했단다.

　긴 우산을 들고 곰방대를 입에 문 우체부가 우편물을 배달하는 모습도 근대에 들어 새로 나타난 풍경이지. 우편 제도는 우정총국이 생겨났다가 갑신정변 때 중단된 뒤 을미개혁 때 다시 시작되었어. 1900년에는 만국 우편 연합에 가입하면서 해외로 우편물을 보낼 수 있게 되었고 말이야.

　미국에 파견 갔을 때 에디슨 전기 회사에 방문했던 보빙사들은 고종에게 전기를 들이자고 강력하게 주장했어. 미국의 자본과 기술을 빌려 전기가 설치됐지. 처음 전깃불이 들어온 곳은 경복궁의 향원정이었어. 항상 밤에 어스름한 등잔불만 보던 사람들은 환한 빛을 보자 깜짝 놀랐어. 그런데 발전기가 시원치 않아서 툭하면 불이 꺼졌어. 그래서 사람들은 꼭 건달같이 제멋대로라고 건달불이라고 불렀단다.

　"어마마마, 아이고, 아이고!"

　이게 무슨 통곡 소리냐고? 바로 순종이 전화로 곡을 하는 소리야. 1896년

즈음 고종 때 경운궁에 전화가 놓였는데, 순종은 을미사변 때 돌아가신 명성 황후를 기리며 매일같이 홍릉으로 전화를 걸었어. 능을 지키는 능참봉이 수화기를 황후릉에 대 주면, 순종이 전화기에 대고 곡을 했지. 순종은 고종이 돌아가신 뒤에도 전화로 곡을 하며 삼년상을 치렀어.

최초의 서양식 병원인 광혜원도 세워졌어. 나중에 이름을 제중원으로 바꾸었지. 갑신정변 때 선교사 알렌이 민영익을 서양 의술로 고쳐 준 것이 왕실과 인연이 되어 서양식 병원을 세우게 된 거야. 그리고 지석영은 천연두를 예방하는 종두법을 실시했어.

한편 철도가 놓이면서 사람들 사이에 이런 말이 떠돌았어.

"양귀는 화륜선을 타고 오고, 왜귀는 철차를 타고 온다."

이는 미국과 일본이 경인선을 만들면서 우리나라 사람들을 많이 착취했기 때문이야. 국민들은 땅을 빼앗긴 것도 모자라 철도 공사를 하는 데 강제로 동

신문물이 들어오면서 종로 거리에 전봇대가 세워지고, 나들이 때 우마차 대신 전차를 기다리게 되었어.

원되었단다. 의병들은 우리 민족을 착취하는 철도 건설에 반감이 커서 철도를 파괴하기도 했어. 일본은 철도를 파괴하다가 체포된 사람들을 공개적으로 처형해서 공포 분위기를 만들었지.

또 서대문에서 청량리 사이에 전철도 놓였어. 고종 황제가 명성 황후가 묻혀 있는 홍릉에 편안하게 다녀오기 위해서였지. 이렇게 개항과 함께 근대 문물이 들어오면서 사람들은 생활을 빠르고 편리하게 해 주는 놀랍고도 새로운 세상을 만나게 되었어.

신문을 보며 눈뜨는 근대 의식

개항 이후 사회와 문화가 근대화하는 데 크게 이바지한 것은 신문이었어. 신문을 읽고 국민들의 의식이 깨어나면서 우리도 서양 나라들처럼 나라를 발전시키겠다는 근대 의식이 성장했지.

1896년 미국에 망명했다가 돌아온 서재필은 정부의 든든한 지원을 받아 독립신문을 발행했어. 독립신문은 근대에 들어 가장 처음 발행한 신문이었어. 이후로 독립 의식을 북돋우는 신문들이 하나둘 생겨났지.

1898년에는 남궁억 선생이 황성신문을 창간했어. 장지연 선생은 황성신문의 책임자였는데, 일본이 러·일 전쟁 후 우리의 외교권을 빼앗아 가자 이를 맹렬하게 비판하는 논설문을 실었지. 논설문 제목이 '시일야방성대곡'인데, 이 말은 '이날에 소리 내어 크게 통곡하노라.'라는 뜻이란다. 제목에서 풍기는 비장함이 대단하지? 어찌나 이 글이 비장했던지 읽고 통곡하지 않은 사람이 없을 정도였어. 결국 이 논설 때문에 황성신문은 한때 발행이 정지됐단다.

또 활발하게 애국 활동을 펼친 대한매일신보가 1904년에 창간됐어. 대한매

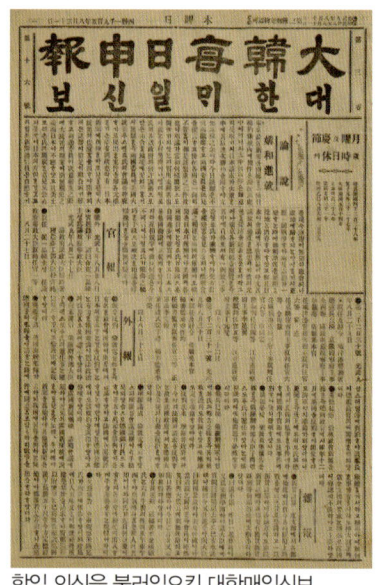
항일 의식을 불러일으킨 대한매일신보

일신보에는 역사학자인 신채호 선생이 항일 의식을 북돋우는 글을 자주 실었어. 나랏빚을 갚아 국권을 되찾자는 '국채 보상 운동'이 일어났을 때에도 대한매일신보는 일본에 진 빚을 모두 한마음 한뜻으로 반드시 갚겠다는 의지를 담은 기사를 냈지. 또 의병들의 활동 소식을 전한 것도 대한매일신보였어.

이렇게 비교적 자유롭게 기사를 실을 수 있었던 것은 영국인이 발행하는 신문이었기 때문이야. 베델은 신문을 발행하는 일 말고도 우리 민족의 독립을 위해 많은 일을 했단다. 일본이 빼앗아 간 경천사지 10층 석탑도 그가 여론을 일으켜 되찾아온 거야. 일본은 영국과 동맹을 맺고 있어서 영국에게는 함부로 하지 못했거든.

베델의 한국 이름은 배설이었어. 베델은 한국을 사랑했던 대표적인 외국인으로, 우리는 그에게 많은 도움을 받았단다.

근대 교육과 여성의 삶

나라를 근대화하려면 서양에서 들어온 지식을 가르칠 수 있는 새로운 학교를 세워야 했어. 우리 땅에는 서당이나 성균관 같은 옛 교육 기관이 아닌, 새로운 모습의 근대 학교가 하나둘 세워지기 시작했지.

1883년 드디어 조선에 영어와 일어 등을 가르치는 동문학이라는 교육 기관

육영 공원에서 책상에 앉아 새로운 지식을 배우는 학생들

이 생겨났어. 동문학은 학교라기보다는 통역관을 길러 내는 학원에 가까웠어. 같은 해 함경남도의 원산 사람들은 원산 개항장에서 하루가 다르게 세를 넓혀 가는 일본 상인에 맞서려고 자녀들에게 신지식을 가르치는 근대 학교를 세웠어. 한 푼 두 푼 돈을 모으고 나라의 지원도 받았지. 이 학교가 바로 우리나라 근대 교육의 출발점으로 기록되는 원산 학사야. 원산 학사는 문예반과 무예반을 두어 가르치고, 특히 농업이나 양잠, 광산, 채굴 등 산업에 필요한 실용적인 학문도 가르쳤어.

  1886년 나라에서도 육영 공원을 세워 주로 양반 자제들에게 과학, 수학, 지리, 국제법 같은 신지식과 외국어를 가르치기 시작했어. 그런데 학교 이름이 공원으로 끝난다니 어딘가 이상하지? 여기서 공원은 공립 학원이라는 뜻이야. 한국인보다 한국인을 더 사랑했다는 고종의 든든한 오른팔 헐버트 선생이 바로 이 육영 공원 출신의 교사였지.

"용기를 내세요. 학교에 나와서 영어도 배우고 성서도 읽읍시다!"

한편 외국인 선교사들도 신학문과 영어를 가르치는 학교를 세우기 시작했어. 이들은 외국인이 세운 우리나라 최초의 사립 학교인 배재 학당과 우리나라 최초의 여성 사립 학교인 이화 학당을 세웠어. 이화 학당의 '이화'라는 교명은 '배꽃같이 순결하고 아름답다.'는 뜻으로, 명성 황후가 지어 준 것이란다.

1910년대 이화 학당의 저학년 학생들

갑오개혁 이후 정부는 교육을 통해 나라를 발전시키고자 소학교, 사범 학교, 외국어 학교, 의학교 등을 부지런히 세웠어. 애국지사들도 외교권을 일본에 빼앗긴 뒤로 나라를 구하기 위해 각지에 민족 학교를 세우기 시작했지. 교육을 통해 민족의 힘을 기르기 위해서였어. 대표적으로 신민회라는 비밀 단체를 만들었던 안창호가 평양에 대성 학교를 세웠어. 그의 연설에 깊이 감동을 받은 이승훈이 평안북도 정주에 오산 학교를 세웠고 말이야. 이렇게 세워진 학교가 1910년 무렵에는 전국에 5천여 개나 됐단다.

한편 여성들에 대한 교육도 활기를 띠기 시작했지. 선교사들은 이화 학당과 배화 학당 등 여러 여성 사립 학교를 세웠어. 신지식을 배운 여성들이 늘어나면서 여성들의 의식도 깨어났지. 여성을 억압하던 장옷과 쓰개치마를 없애자는 운동도 일어났어. 신여성들은 쓰개치마 대신 양산을 쓰고 양장 차림으로 시내를 당당하게 걸어다녔어.

1898년 서울 북촌의 양반 부인들은 찬양회를 조직하여 황성신문과 독립신문에 '여권통문'을 발표했어. 여권통문은 여성들의 권리를 당당하게 알린 권리 선언문이었지.

"여성들의 권리를 주장합시다! 여권통문에 모두 서명해 주세요!"

찬양회 회원들은 일요일마다 집회를 열고 연설회와 토론회를 벌였어. 그뿐만 아니라, 여학교 설립 운동을 펼쳐 그 결실로 순성 학교를 설립했단다.

민족의 자부심을 높인 국학 운동

우리의 국권이 외세에 빼앗길 위기에 처하자, 우리말을 지키고 우리 역사를 연구하자는 움직임이 활발히 일어났어. 이러한 운동을 '국학 운동'이라고 해. 국학 운동은 국어와 국사 연구를 중심으로 펼쳐졌어. 국학 운동을 통해 애국심과 독립 정신을 불러일으키기 위해서였지.

독립신문을 한글로 발행하는 데 큰 역할을 했던 주시경은 우리말을 연구하여 우리 민족의 얼과 혼을 지키려 했어. 주시경은 배재 학당에서 국어를 가르치기

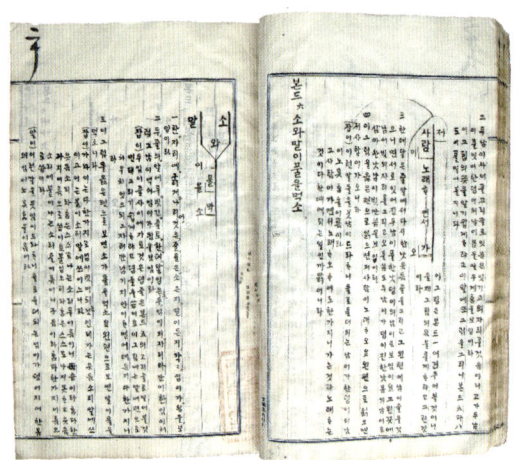
주시경 선생이 쓴 《국어 문법》의 친필 원고로, 한글 맞춤법을 정하는 데 기초가 된 책이야.

도 했지. 또 《말의 소리》, 《국어 문법》 등을 비롯해 여러 문법책을 쓰고, 많은 제자들을 길러 내어 국어 연구에 큰 공을 세웠어.

주시경 말고도 많은 분들이 우리말을 지키려고 애썼단다. 종두법을 보급한 지석영 선생 기억나니? 지석영은 우리말 연구에도 앞장섰어. 나라에서는 선생의 주장을 받아들여 1907년 국문 연구소를 세웠지.

유길준은 미국과 유럽 나라들을 여행하면서 보고 느낀 바를 《서유견문》이라는 기행문에 담아냈어. 당시 사람들은 주로 한자 위주의 글을 사용했는데, 이 책은 우리나라 최초로 국문에 한문을 섞어 사용했어. 이 책이 출간되면서 국문과 한문을 섞어 쓴 글들이 신문과 잡지에 많이 실리게 되었지.

문학에서도 신소설이 등장했어. 신소설은 순 한글로 쓰였고 흥미로운 내용이 많았어. 주로 옛날의 나쁜 관습을 비판하고 신지식을 소개하는 내용이 많았지. 이인직의 《혈의 누》가 최초의 작품이란다.

한편 국사 연구에서는 박은식과 신채호의 연구가 두드러졌어. 이들은 우리

민족이 걸어온 길을 한국인의 눈으로 자부심을 갖고 연구하는 데 온 힘을 기울였어. 그뿐만 아니라 위기를 극복한 장군이나 영웅들의 일대기를 책으로 펴내서 사람들의 마음에 뜨거운 애국심을 불어넣었지.

"아, 《이순신전》을 읽은 모양이군요. 나는 《을지문덕전》도 읽었는데, 정말 통쾌하답니다! 신채호 선생은 정말 명문장가예요."

"박은식 선생이 쓴 글을 읽노라면, 애국심이 불끈 솟는다니까요."

두 선생이 세상에 내놓은 작품을 볼까? 박은식은 《천개소문전》, 《동명성왕실기》 등을 썼고, 신채호는 《수군 제일 위인 이순신전》, 《을지문덕전》 등을 썼어. 이 작품들은 이름만 들어도 주먹이 불끈 쥐어지는 최고의 영웅들에 대한 이야기야. 이들의 이야기가 많은 사람들의 가슴에 애국심을 불러일으켰단다.

유럽의 여성 인권 운동과 대한 제국의 여권통문

1879년 노르웨이의 극작가 입센이 《인형의 집》이라는 희곡을 발표했어. 이 희곡은 주인공 노라가 그동안 자신이 단순히 사랑받는 인형 같은 삶을 살아 왔다는 사실을 깨닫고, 아내이기 이전에 한 사람의 인간으로서 살기 위해 집을 뛰쳐나간다는 이야기야.

《인형의 집》을 읽은 유럽 여성들은 큰 충격을 받았어. 유럽 여성들은 자신들의 인생이 노라와 다르지 않았다는 것을 깨닫고, 이후 여성 인권 운동을 펼쳐 나가게 돼. 마침내 이러한 여성 인권 운동의 결실로, 1893년 뉴질랜드에서 세계 최초로 여성이 참정권을 얻는단다.

그 무렵 대한 제국의 수도 한성 북촌에 살았던 여성들도 여권 신장 운동을 펼쳤지. 1898년 신여성들이 발표한 여권통문에는 조선 시대에 사회적 활동이 금지됐던 여성들에게 정치에 참여하고, 직업을 가지며, 교육을 받을 권리를 주라고 하는 내용이 논리정연하게 주장되어 있어. 우리나라 여성들의 여권통문 발표는 세계 여성사의 한 면을 장식하는 뜻깊은 운동이라 할 수 있단다.

신문 스크랩

개화기에 일어난 변화를 찾아라!

개화기에는 사람들의 생활에 어떤 변화가 나타났을까? 신문과 잡지에는 당시의 생활 모습이 고스란히 남아 있어. 이제 신문과 잡지에 나타난 흥미로운 생활상의 변화를 함께 살펴보자.

독립신문 기사 중 하나인데, 이상하게 테두리가 검고 굵네? 이것은 사람이 죽었다는 것을 알리는 부고 기사라서 그렇대.

독립신문에 실린 광고야. 자전거가 미국에서 수입되었으니 사 가라는 내용이지.

독립신문이 한국인의 병이라고 소개하면서 실은 사진이야. 당시 미신을 믿는 일이 흔해서 무당을 불러 굿을 하는 일이 많았다는 것을 알 수 있어.

대한민보에 실린 배불뚝이 콜브란을 비난하는 만평이야. 콜브란은 한성 전기 회사를 세운 미국인이야. 그는 황실과 함께 세운 이 회사를 일본 회사에 팔아 버리고 런던으로 튀어 버렸어. 어찌 보면 콜브란이 '먹튀'의 원조라고 할 수 있지.

"화륜거 구르는 소리는 우레와 같아 천지가 진동하고, 기관거의 굴뚝 연기는 반공에 솟아오르더라."
"수레 속에 앉아 영창으로 내다보니 산천초목이 모두 활동하여 닫는 것 같고 나는 새도 미처 따르지 못하더라."

1899년 9월 19일 독립신문 기사의 일부분이야. 여기에서 말하는 수레는 무엇일까? 그래 맞아! 기차를 말하는 것이란다.

1908년 최남선이 발행한 우리나라 최초의 청소년 잡지 '소년'이야. 청소년을 의미하는 색깔이 예나 지금이나 녹색인 걸 알 수 있어.

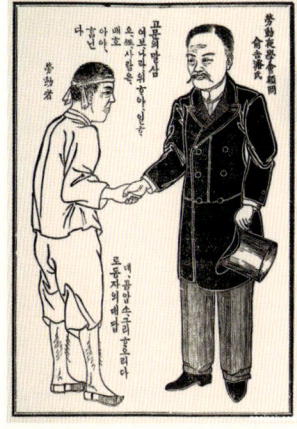

노동자를 위해 유길준이 쓴 책에 나오는 삽화야. 멋진 모자를 들고 신사복을 입은 유길준이 노동자의 손을 잡으며 열심히 공부하라고 격려하고 있어.

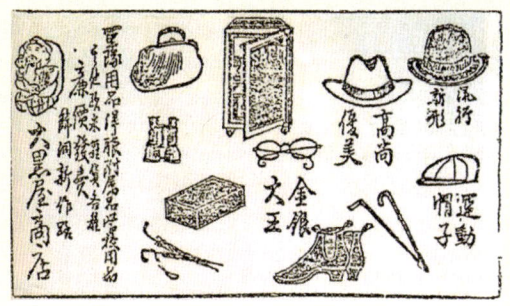

황성신문의 광고야. 잡화점 광고인데, 눈이 번쩍 잘 보이게 하는 안경, 신사들이 즐겨 쓰는 중절모와 구두, 멋진 가방, 먼 곳을 볼 수 있는 망원경 등이 소개되어 있어. 당시 사람들의 생활용품을 알 수 있는 광고이지.

1866년
병인양요가 일어나다

1876년
강화도 조약이 맺어지다

1882년
임오군란이 일어나다

1887년
경복궁에 전기가 들어오다

1894년
동학 농민 운동이 일어나다

1895년
단발령이 내려지다

1905년
을사늑약이 맺어지다

일제 강점기가 시작되다 ⑧

1910년 8월 29일 대한 제국이 망했어. 이날을 국치일이라고 하지. 국가 치욕의 날이라는 뜻이야. 일제는 우리나라를 세 단계로 통치했는데, 처음에는 무력으로 강력하게 통치했어. 이에 대한 반발로 3·1 운동이 일어났지. 이때부터 일제는 겉으로만 문화 통치라는 이름을 내걸고 실제로는 민족 분열을 조장했어. 1937년 중·일 전쟁 이후로는 민족 말살 정책을 폈지. 가슴이 터지도록 울분이 가득한 시대, 일제 강점기의 역사를 알아보자.

**1910년
한·일 병합 조약**

1919년
3·1 운동이 일어나다

1932년
윤봉길 의사 의거

빼앗긴 땅, 무단 통치와 토지의 약탈

"아이고, 아이고! 나라가 망하다니……."

1910년은 우리 민족에게 잊을 수 없는 아픔이 서린 한 해였어. 일제는 대한 제국을 일본에 합친다는 한·일 병합 조약을 강요하여 우리의 국권을 강탈했어. 전국 방방곡곡에서 나라를 잃은 슬픔으로 울부짖는 통곡 소리가 끊이지 않았지. 《매천야록》이라는 역사책을 써서 민족혼을 불러일으켰던 황현 등 수많은 애국지사들은 국권 강탈에 온몸으로 저항하며 스스로 목숨을 끊었어.

일제는 조선 총독부를 설치하고 총독을 파견하여 행정권, 사법권, 군사권 등 모든 권한을 손에 쥐고 우리 민족을 탄압했어. 이러한 통치를 '무단 통치' 혹은 헌병 경찰을 동원하여 나라를 통치했기 때문에 '헌병 경찰 통치'라고 하지.

"아가, 울음 뚝! 저기 일본 순사 온다."

어찌나 폭압적으로 통치했던지 울던 아이도 일본 순사가 온다고 하면 울음을 뚝 그칠 정도였어. 이 시대에는 한국인의 모든 정치 활동이 금지되었어. 집회를 열지도 못하고 단체를 만들 수도 없었지. 비밀리에 활동했던 신민회까지도 해산되었어. 황성신문과 대한매일신보 등 민족 신문도 발행이 금지되었고, 수많은 애국지사들이 감옥에 끌려가 모진 고문을 받다가 목숨을 잃기도 했지.

"에구머니! 선생님이 교실에 칼을 차고 들어오셨네!"

이 시기 교원이라고 불린 교사들은 제복을 입고 칼을 차고 수업해야 했어. 선생님이 칼을 차고 들어오다니, 정말 생각만 해도 무섭지 않니?

일제는 국권을 빼앗은 직후부터 이른바 '토지 조사 사업'이라는 이름으로 농민들에게 자기가 가진 땅을 신고하도록 했어. 신고가 안 된 토지와 나라에 속한 토지, 마을의 공유지는 몰수한 뒤 동양 척식 주식회사 등에 넘겨 버렸지. 이런 땅들은 한국으로 이주한 일본인에게 헐값에 팔려 나갔어. 그렇게 하루아침에 농민들은 일본인 지주 밑에서 일하는 소작농이 되고 말았어.

또 일제는 우리나라의 지하자원이나 삼림 자원, 어업 자원 등을 약탈해 갔어. 이렇게 약탈한 자원은 일본이 성장해 나가는 밑거름이 되었지. 일제는 우리의 자원으로 만든 상품을 우리에게 팔아 이익을 남겼고, 반대로 우리나라의 산업은 발전하지 못하도록 철저히 짓밟았어.

> **동양 척식 주식회사**
> 1908년 일본이 한국의 경제를 착취하기 위해 세운 회사야. 일본은 강제로 빼앗거나 사들인 토지를 높은 소작료를 매겨 한국인에게 빌려줬어. 이렇게 착취한 양곡들은 모두 일본으로 빠져나갔어.

1910년 일제는 민족 산업의 발전을 막으려고 회사령을 공표했어. 회사령은 회사를 세우려면 반드시 조선 총독의 허가를 받아야 한다는 제도야. 이렇듯 무단 통치 시기는 우리 민족이 일본의 노예로 숨죽이며 살아야 했던 무척이나 고통스러운 시기였단다.

민족 분열 정책과 쌀 수탈

"흠, 조선인들의 저항이 너무 거세니 새로운 통치 방법을 찾아야겠소. 이제 겉으로는 살짝 풀어주면서 안으로는 더 지독한 방법을 써 봅시다."

"좋습니다. 우선 일본 말을 잘 들을 조선인들을 길러 내야죠."

일제는 1919년 일제 강점기 최대 규모의 독립 만세 시위인 3·1 운동이 일어나자, 무단 통치로는 한민족을 지배하기가 어렵다는 것을 깨달았어. 이후로 일제는 조선의 문화와 풍습을 인정하고, 강압적인 통치 방식을 내려놓겠다며 '문화 통치'를 내세웠어. 말은 그럴듯하게 한민족의 문화와 관습을 존중한다고 했지만, 실제로는 조선인들을 이간질시키는 통치였어.

일제는 앞으로 조선 총독 자리에는 군인이 아닌 일반인도 임명될 수 있다고 선전했어. 이전의 헌병 경찰제 대신 일반인이 경찰을 맡는 보통 경찰제도 도

입했지. 또 조선인에게도 일본인처럼 교육의 기회를 늘려 주겠다고 회유하는가 하면, 금지되었던 출판과 집회의 자유를 허락하고, 한글로 된 신문도 창간할 수 있게 했어. 이때 동아일보, 조선일보 등이 창간됐단다.

문화 통치는 겉으로는 토끼처럼 온화한 듯 보였지만, 안으로는 토끼의 탈을 쓴 늑대처럼 교활함을 품고 있었어. 일제는 우리 민족을 분열시키기 위해 사회 각 분야에서 친일파를 길러 냈어. 친일파들은 같은 민족을 감시하고 고발했어. 이렇듯 문화 통치는 잔인했단다.

한편 일본은 제1차 세계 대전이 끝난 후, 공업이 더욱 발달하고 도시 인구가

급격히 늘면서 식량이 몹시 부족해졌어. 이번에도 일제는 한반도에서 강제로 쌀을 많이 생산시켜 부족한 쌀을 충당하려 했어. 1920년부터 시작된 이러한 계획을 '산미 증식 계획'이라고 한단다.

"혼나지 않으려면 어서 품종을 개량하고 수리 시설을 갖춰라!"

일제는 품종 개량, 수리 시설 확충 등으로 쌀 생산량을 늘려 일본으로 가져가기 시작했어. 그렇지만 정작 우리 민족의 형편은 이만저만 어려운 게 아니었어. 농민들은 품종을 개량하느라 빚에 허덕였고, 땅에 무리하게 비료를 쏟아부은 탓에 토질이 나빠졌지.

또한 쌀이 무리하게 수출되면서 국내에는 식량이 부족해졌어. 이에 많은 농민들이 고향을 떠났어. 어떤 사람은 산속으로 들어가 화전민이 되기도 하고, 어떤 사람은 멀리 간도나 만주로 이주했지. 이렇게 일제 강점기의 한국인들은 낯선 타국으로 터전을 옮길 만큼 생활이 고단했단다.

간도로 이주한 한국인   하층민들이 살았던 토막집

일제 때문에 먹고살기가 얼마나 힘들었으면 먼 간도까지 갔을까?

민족혼을 억누른 민족 말살 정책

일제의 야심은 끝도 없이 세계로 펼쳐졌어. 한반도의 귀중한 재산과 인명을 마음대로 이용하면서 말이야. 일제는 1937년 중·일 전쟁을 일으킨 데 이어 1941년 미국의 진주만을 기습 공격해 태평양 전쟁을 일으켰어. 이런 전쟁을 벌이면서 일제는 우리 민족을 남의 나라 전쟁터에 무지막지하게 몰아넣었어.

"일본인과 조선인은 조상이 같다. 그러니 일본인과 조선인은 한 몸이다."

일제는 거짓된 정보를 진실인 양 가르쳤어. 일본인과 조선인은 한 몸이자, 일본 국왕의 영예로운 국민이라고 교육했지. 하지만 세상에 한쪽은 노예이고 한쪽은 주인인 한 몸이 어디 있니?

"너는 조선말을 썼으니 하루 종일 운동장에서 손을 들고 있어라."

일제는 우리말을 절대 쓰지 못하게 하는 대신 일본어만 쓰게 하고, 한민족의 역사 교육도 금지시켰어. 또 한글로 간행되던 신문을 폐간시키고 역사를

아침 조회 시간에 강제로 황국 신민 서사를 외우는 학생들

가마니 짜기에 동원된 농촌 학생들

아이고, 이런 힘든 일을 애들한테 시켰단 말이야!

연구하는 단체도 해산시켰지. 우리글을 연구하는 학자들을 붙잡아 옥에 가두기도 했어.

"어머니, 제 이름이 왜 히데코가 되어야 하죠?"

"그러게나 말이다. 못된 놈들, 하다 하다 이제 이런 짓까지 해!"

또 우리의 이름도 일본식으로 바꾸도록 했는데, 이것을 창씨개명이라고 해. 멀쩡한 자기 이름을 놔두고 일본 이름으로 바꾸라고 한 거지. 그뿐 아니라 강제로 일본인이 믿는 신에 참배하게 하고, 어린 학생들에게 일제의 국왕에게 충성을 맹세하는 글인 '황국 신민 서사'를 무조건 외우도록 강요했어. 이렇게 일제는 우리 민족의 얼과 혼을 말살시키려고 했단다. 1938년부터 일제가 펼친 이러한 정책을 민족 말살 정책이라고 해.

우리나라는 일제의 침략 전쟁으로 전쟁 물자를 대 주는 병참 기지로 변해 갔어. 북부 지방에는 전쟁 물자를 생산하는 군수 공장이 세워졌지. 일제는 철, 석탄, 텅스텐 등 지하자원은 물론이고 '공출'이라는 이름으로 숟가락에서 놋그릇까지 무기를 만들 수 있는 자원은 모조리 쓸어 갔어. 비행기 연료로 쓸 송진을 뽑기 위해 어린 학생들을 동원하기도 했지.

또 이 땅의 젊은이들을 전쟁터로 엄청나게 끌고 갔어. 강제로 군대에 끌려갔다가 죽어서 돌아

공출로 쓸어 모은 쇠붙이 일제는 집에 있는 젓가락 하나까지 쇠붙이라면 모두 강제로 걷어 갔어.

오는 일이 숱하게 많았지. 여기에는 여성도 예외는 아니었어. 일본은 한국 여성들을 근로 정신대라는 이름으로 끌고 가 군수 공장에서 고된 노동을 시켰어. 어떤 여성들은 전쟁터로 보내져 일본군의 성 노예가 되었지. 이러한 여성들을 일본군 위안부라고 하는데, 전쟁 동안 갖은 수모와 고난을 겪었단다. 위안부가 되었던 여성들은 후유증으로 평생을 고통 속에 시달렸어. 그런데도 일본은 아직도 제대로 된 사과도, 보상도 하지 않고 있어 세계의 비난을 받고 있어.

일제 강점기 한국인의 생활

일제 강점기에는 도시를 중심으로 근대 시설이 들어서고 교통과 통신이 발달했어. 부산항이나 원산항 같은 개항장이나 교통의 중심지, 공업 지대에 도시가 성장했지. 곳곳에 철도가 놓여 사람들의 생활이 훨씬 편리해졌어.

하지만 이 모든 시설들은 일제가 좀 더 효율적으로, 더 많이, 더 빨리 한국의 자원과 노동력을 빼내 가려고 갖춘 시설이었어.

도시에는 상수도와 전기 등 공공시설이 생겼어. 요즘 집들처럼 식당과 목욕탕이 있는 생활하기 편리한 문화 주택이 등장했지. 시내 중심가에는 백화점, 영화관, 양복점, 음식점 등이 들어섰어. 대중문화가 퍼져 나가면서 다방, 카페 등이 생겨났고, 라디오 방송과 축음기의 보급으로 대중가요도 유행했지. 특히 영화는 사람들 사이에 서양 문화를 전파해서 새로운 유행을 일으키기도 했어.

"와, 저 사람 좀 봐! 영화 속에서 쏙 빠져나온 사람 같아."

"아, 모던 보이를 본 게로구나!"

1930년대에는 영화 속의 옷차림을 그대로 흉내 낸 젊은이들이 거리를 활보

하고 다녔어. 이들을 모던 보이, 모던 걸이라고 해. 모던 보이는 나팔바지에 중절모를 쓰고, 모던 걸은 단발머리에 양장을 입고 다녔지.

도시는 일본인이 사는 지역과 한국인이 사는 지역이 따로 나뉘어 있었어. 일본인이 사는 지역에는 비교적 근대 시설이 잘 갖춰져 있었지만, 한국인이 사는 지역은 매우 열악하여 상하수도 시설이 별로 없었어. 빈민층은 하천가의 다 쓰러져 가는 토막집에서 살았고 말이야.

한편 일제는 건전하지 않은 대중문화를 퍼뜨려서 독립에 대한 의지를 꺾고자 했어. 그 결과 화투나 경마 같은 도박과 술집 문화 등이 우리 생활 속에 자리 잡게 되었지. 안타깝게도 그 영향이 지금까지 우리 사회 곳곳에 남아 있단다.

제1차 세계 대전과 대한 광복군 정부 수립

제1차 세계 대전은 세계 강대국들이 모두 참여한 대규모 국제 전쟁이야. 이 전쟁은 1914년 6월 세르비아의 한 청년이 오스트리아의 황태자 부부를 암살하면서 시작되었어. 이 사건을 계기로 강대국들은 이해관계에 따라 서로 편을 먹고 세계 대전을 벌였지. 오스트리아, 독일, 불가리아는 동맹국이 되었고, 세르비아, 러시아, 프랑스, 영국, 일본, 중국은 연합국이 되어 싸웠어.

그러다 독일의 어뢰에 미국인들이 많이 탄 배가 침몰하자, 미국도 연합국에 합세하여 전쟁에 뛰어들게 되었어. 미국의 힘까지 더해지자 결국 동맹국은 지고 말았어. 이로써 일본은 제1차 세계 대전에서 승전국이 되었어. 이후 일본은 만주 사변(1931), 중·일 전쟁(1937), 태평양 전쟁(1941)에 이르기까지 큰 전쟁을 일으키며 우리 민족을 전쟁터로 내몰았단다.

한편 헤이그 특사였던 이상설 선생은 제1차 세계 대전이 일어나던 해에 블라디보스토크에서 대한 광복군 정부를 세워 정통령이 되었어. 하지만 대한 광복군 정부는 1914년 9월에 해산되고 말았지. 제1차 세계 대전 때 일본과 같은 편이었던 러시아가 대한 광복군 정부를 탄압했기 때문이야.

소리 없이 강했던 비밀 결사

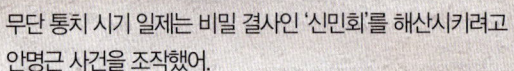

1866년
병인양요가 일어나다

1876년
강화도 조약이 맺어지다

1882년
임오군란이 일어나다

1887년
경복궁에 전기가 들어오다

1894년
동학 농민 운동이 일어나다

1895년
단발령이 내려지다

1905년
을사늑약이 맺어지다

⑨ 나라 안에서 활화산처럼 독립운동이 일어나다

1919년 3월 1일, 무단 통치 아래 고통받던 한국인들은 탑골 공원을 시작으로 전국에서 일제히 들고일어나 독립 만세 운동을 펼쳤어. 일본의 맹렬한 탄압에도 꺾이지 않았던 독립 정신은 크고 작은 만세 시위와 다양한 애국 운동으로 나타났어. 애국지사들은 국산품 사용을 장려하고, 야학을 열고, 우리말 사전을 펴냈지. 자, 이제 독립을 위해 목청껏 만세를 외쳤던 역사 속 현장으로 떠나 볼까?

1910년
한·일 병합 조약

**1919년
3·1 운동이 일어나다**

1932년
윤봉길 의사 의거

우렁찬 함성과 함께 터진 3·1 운동

"만세! 만세! 대한 독립 만세!"

1919년 3월 1일, 종로의 탑골 공원에서는 대한 독립을 알리는 만세 소리가 우렁차게 터져 나왔어. 학생들도 시민들도 거리로 쏟아져 나와 손을 번쩍 들고 우리나라가 독립국임을 목이 터져라 외쳤지. 이 만세 운동이 바로 우리에게 널리 알려진 3·1 운동이야.

그런데 3·1 운동은 어떻게 일어나게 된 것일까? 1919년 1월, 나라에 큰일이 생겼어. 건강했던 고종이 갑자기 돌아가신 거야. 장안에는 일제가 독살한 것이라는 소문이 퍼져 분노한 국민들이 술렁거렸어.

한편 다음 달 2월 8일, 도쿄의 유학생들이 기독교 청년 회관에서 독립 선언서를 발표했어. 청년들은 각국 대사관과 일본 정부에 독립 선언서를 보내려다 결국 일제의 탄압으로 실패했어. 하지만 2·8 독립 선언문은 3·1 운동이 일어나는 데 큰 자극제가 되었단다.

당시는 무단 통치 시대였기 때문에 정치 단체가 모일 수 없었어. 오직 활동

이 허락되는 단체는 종교 단체와 학생 단체뿐이었지. 그래서 종교인과 학생들의 독립운동이 활발했어. 마침내 천도교의 손병희 선생을 중심으로 이승훈을 대표로 하는 기독교 사람들과 한용운을 대표로 하는 불교 사람들 33명이 마음을 모았어. 민족 대표 33인은 서울 탑골 공원과 전국의 주요 도시에서 대규모 만세 운동을 벌이기로 했어. 학생들은 독립 선언서를 나누어 주는 임무를 맡았지.

3월 1일, 민족 대표들은 서울 태화관에서 독립 선언식을 가졌어. 그러고는 태화관 주인에게 독립 선언식을 치른 사실을 일본 경찰에 알리라고 했지. 민족 대표들은 즉각 달려온 일본 경찰대에 체포되었어.

하지만 학생들은 이런 사실을 모른 채 탑골 공원에서 계속 기다렸어. 민족 지사들이 아무리 기다려도 오지 않자, 학생들은 두 시경 독립 선언서를 낭독한 뒤 독립 만세 시위를 벌였지. 처음에 정한 원칙대로 시위는 평화적으로 이

유관순 열사의 수형 기록표 유관순은 이화 학당에 다니던 꽃다운 소녀였어. 하지만 꽃도 피우지 못한 채 독립운동에 몸 바치다 19세의 나이로 순국했지.

루어졌어. 평양, 의주, 원산 등 지방에서도 같은 날 만세 시위가 펼쳐졌지.

그러나 일제는 경찰과 군대를 동원하여 총과 칼을 휘두르며 시위를 진압했어. 이 무렵 서울에서 만세 시위를 벌이다 고향으로 내려온 유관순은 마을 사람들과 뜻을 모아 천안 아우내 장터에서 만세 운동을 벌였어. 유관순은 주동자란 이유로 감옥에 갇혔지.

이후 유관순은 3·1 운동 1주년을 기념하여 감옥에서 목이 터져라 만세를 부르다 일제의 고문을 받고 순국했어.

한편 일제는 만세 운동에 대해 닥치는 대로 보복을 일삼았어. 대표적인 사건이 수원 화성에서 일어난 제암리 사건이야. 일제는 만세 운동에 대한 보복으로 죄 없는 제암리 마을 사람들을 교회에 가둔 뒤 불을 질러 무참히 죽였어. 하지만 우리의 만세 시위는 꺾일 줄 모르고 계속 이어졌지.

3·1 운동은 일제 강점기에 일어난 최대 규모의 독립 만세 운동이야. 비록 실패하기는 했지만, 우리 민족이 보다 적극적으로 독립운동을 펼치는 계기가 되었어. 또한 3·1 운동의 정신으로 상하이에 대한민국 임시 정부가 세워져 민족의 힘을 한데 모을 수 있게 되었지. 우리의 3·1 운동은 중국의 5·4 운동과 인도의 독립운동에도 영향을 끼쳐 세계사에 큰 발자취를 남겼단다.

3·1 운동 이후의 만세 운동

3·1 운동 이후 학생들은 일제의 감시하에서도 독립을 꿈꾸며 다양한 노력을

했어. 농민을 깨우치기 위해 농촌 봉사 활동을 하는가 하면, 글을 모르는 사람들을 위해 야학을 열고 강연회도 펼쳤지. 이러한 작은 노력들이 독립의 열기를 사방에서 활활 불러일으켰어.

학생들은 머지않아 기회가 온다면 3·1 운동을 뒤잇는 만세 시위를 해야겠다고 생각했어. 1926년 6월 10일, 마침내 학생들에게 기회가 왔어. 대한 제국의 마지막 황제인 순종이 돌아가셔서 장례를 치르게 된 거야.

학생들은 장례 행렬이 지나가는 가운데 조직적으로 만세 시위를 벌였어. 국민들도 함께 거리로 나와 참여해서 서울 전체에 만세 소리가 울려 퍼졌지. 비록 일제의 탄압 때문에 성공하지는 못했지만, 6·10 만세 운동은 3·1 운동을 뒤잇는 대규모 시위로 기억된단다.

한편 광주에서도 커다란 시위가 있었어. 1929년 10월 30일, 광주에서 나주로 가는 통학 열차에서 일어난 시비가 발단이었지.

"왜 우리 누나 머리카락을 잡아당기는 거야?"

"웬 참견이야? 내가 하고 싶으면 하는 거지."

한 일본인 학생이 한국 여학생 박기옥의 댕기 머리를 잡아당긴 거야. 화가 난 사촌동생 박준채가 따지고 들었지. 이 일이 크게 번져 나주역에서 두 나라 학생들 사이에 패싸움이 났어. 그런데 일본 경찰은 한국 학생에게만 잘못이 있다고 뒤집어씌웠어. 이에 반발한 학생들은 한국인에 대한 차별을 없애라며 격렬한 시위를 일으켰어. 이 사건이 바로 1929년 11월 3일에 일어난 광주 학생 항일 운동이야. 이 시위는 전국으로 퍼져 나가 149개 교에서 5만 4천여 명이 참여한 거대한 시위로 발전했어. 광주 학생 항일 운동은 3·1 운동 이후 일어난 가장 큰 규모의 항일 운동으로서 우리 역사에 큰 발자취를 남겼단다.

내 나라 경제를 살리자는 실력 양성 운동

1920년대가 되자 애국지사들과 학생들은 일제에 맞서기 위해 경제를 살리고 실력을 양성하자는 운동을 활발하게 펼쳐 나갔어.

조만식은 1920년 평양에서 조선 물산 장려회를 조직하여 우리 민족의 경제적 힘을 키우려 했어. 사람들은 거리에서 북을 치며 물산 장려가를 부르기도 했어. 또 '조선 사람 조선 것으로!'라는 구호를 외치기도 했지. 토산품 사용과 근검절약을 강조했던 물산 장려 운동은 전국적으로 널리 퍼져 나갔단다.

농민과 노동자도 일제의 경제적 착취에 맞서 나갔어. 농민은 과도한 소작료에 저항하여 쟁의를 일으켰고, 노동자는 처우를 개선하고 임금을 올려 주기 전까지는 일을 하지 않겠다고 시위하기도 했지.

브나로드란 러시아 말로 '민중 속으로'라는 뜻이야.

브나로드 운동 포스터 동아일보가 펼친 문맹 퇴치 운동을 가리켜 '브나로드 운동'이라고 하지.

교육을 통해 실력을 키우자는 사람들도 많았어. 이상재와 이승훈 등이 앞장서서 우리 민족의 힘만으로 대학을 세우려 했지.

조선일보와 동아일보도 농촌 계몽 운동에 나섰어. 학생들을 농촌으로 보내 낮에는 농촌 일을 돕게 하는 한편 밤에는 공부를 가르치도록 적극 지원했어. 당시에는 글을 모르는 사람들이 엄청나게 많았는데, 학생들 덕분에 많은 사람들이 문맹에서 벗어날 수 있었어.

이러한 가운데 민족주의와 사회주의라는 서로 다른 이념으로 나뉘어 있던 민족 지도자들이 하나의 당을 만들기 위해 움직이기 시작했어.

1927년 민족 지도자들은 이념을 뛰어넘어 가장 큰 항일 민족 운동 단체인 신간회를 만들었어. 신간회는 노동 운동, 농민 운동, 청년 운동, 여성 운동 등 다양한 사회 운동을 적극 지원했어. 광주 학생 항일 운동 때는 조사단을 파견하는 등 적극적인 활동을 펼치기도 했지. 하지만 활동 방향을 놓고 의견이 엇갈려 1931년 해산되고 말았어.

내 나라 문화를 지키자는 민족 문화 수호 운동

일제 강점기 동안에는 민족 문화를 지키려는 운동이 활발히 펼쳐졌어. 한글 사랑의 아버지라 할 수 있는 주시경의 제자인 이윤재, 이희승, 최현배 등은 스승의 정신을 이어받아 조선어 연구회를 만들었어. 우리가 요즘 기념하는 한글날도 1926년에 조선어 연구회에서 만든 거야. 그때엔 '가갸날'이라고

영화 아리랑의 포스터

불렀지. 1931년 조선어 연구회는 이름을 조선어 학회로 바꾸고 더욱 활발히 활동했어. 한글 맞춤법 통일안과 표준어를 만들고, 《우리말 큰 사전》을 펴내는 데 온 힘을 기울였지.

그러나 일제는 이들의 활동을 매서운 눈으로 지켜보고 있었어. 1942년 일제는 조선어 학회 회원인 국어 교사 정태진이 학생들에게 일본어 대신 조선어를 쓰게 하고, 조선어로 된 문학 작품을 가르쳤다며 전격 체포했어.

그리고 정태진을 고문하여 조선어 학회가 독립 운동 단체라는 자백을 받아 내 회원들을 무더기로 체포했지. 잡혀간 회원 중에는 혹독한 고문으로 감옥에서 목숨을 잃은 사람도 있었어.

한편 천도교의 방정환은 그동안 제대로 사람대접을 받지 못했던 나이 어린 사람들을 위해 '어린이날'을 만들었어. 지금은 누구나 쓰는 '어린이'라는 말은 방정환이 처음 만들어 낸 말이란다. 늙은이, 젊은이처럼 어린 사람을 부르는 말이 생긴 거야.

우리 역사에 대한 연구도 계속해서 발전했지. 박은식은 《한국 통사》를 지었고, 신채호는 《조선 상고사》 등을 썼어. 이들의 뒤를 이어 정인보는 《오천 년 조선의 얼》을 지어 민족혼을 불러일으켰어.

영화에서는 나운규가 민족의 저항 의식과 한국인의 마음을 담은 '아리랑'이라는 작품을 선보였어. 아리랑을 본 사람들은 주인공이 잡혀가는 모습을 보며 절절한 눈물을 흘렸지. 영화 속에 나오는 조선인의 애달픈 삶이 뼈아프게 파고들었기 때문이야.

지금이라도 달려들 것 같은 힘찬 소의 모습을 많이 그렸던 이중섭은 작품 속에서 한국인의 꺾이지 않는 의지를 훌륭하게 담아냈어. 음악에서는 윤극영의 〈반달〉, 홍난파의 〈봉선화〉, 현제명의 〈고향 생각〉 등 민족적 정서가 담긴 작품들이 탄생해 사람들에게 즐겨 불리며 큰 위안이 되었단다.

일제에 저항하는 문학 활동도 무척 활발했어. 한용운, 이육사, 윤동주 등 민족 시인들은 독립을 향한 마음을 담아 아름다운 시를 지었지. 그들의 시는 일제 강점기에 꿈을 잃은 사람들에게 한줄기 빛이 되었어. 반면 일부 지식인들은 친일파가 되어 일본을 찬양하는 글을 쓰는 등 민족을 배반하는 일도 서슴지 않았단다. 참으로 참담하고 뼈아픈 일이었지.

3·1 운동의 영향을 받은 중국의 5·4 운동

3·1 운동은 중국 베이징 대학교 학생들이 같은 해 5월 4일에 일으킨 5·4 운동에 큰 영향을 끼쳤어. 5·4 운동이 일어나게 된 배경은 무엇일까? 앞에서도 말했듯이 일본은 제1차 세계 대전이 끝난 후 승전국이 되었어. 일본은 패전한 독일이 중국에서 차지했던 철도와 광산 등 각종 이권을 물려받기 위해 국제적으로 힘을 뻗었어. 마침내 일본은 제1차 세계 대전의 전후 문제를 논의하는 자리인 파리 강화 회의에서 이 문제를 승인받았지.

중국 대표가 부당한 일이라며 강력히 항의했지만, 강대국들은 중국의 의견을 무시해 버렸어. 이에 베이징 대학교 학생들은 천안문 광장에 모여 격렬하게 반일 운동을 펼쳤어. 5·4 운동은 학생들이 중심이 되어 일으킨 반제국주의·반봉건주의 운동으로서 세계사에 큰 발자취를 남겼단다.

항일 문학 수첩

독립을 노래한 항일 문학

3·1 운동 이후 민족의 지도자로 존경받던 문학인들이 지조를 꺾고 친일파가 되는 일이 많았어. 하지만 회유와 억압 속에서도 자신만의 길을 꿋꿋이 가는 문인들이 있었지. 바로 한용운, 심훈, 이육사, 이상화, 윤동주 같은 문인들이야. 그들은 민족혼을 일깨우는 아름다운 작품들을 열심히 써냈단다.
한용운은 집을 지을 때 조선 총독부가 꼴 보기 싫다 하여 일부러 북향으로 지었어. 보통은 햇살이 잘 드는 남향으로 짓는데 말이야. 그만큼 한용운의 애국심이 깊었던 거지. 이육사는 항일 운동을 하다 투옥되었을 때 감옥에서 불리던 수인 번호 264번을 따서 자신의 호로 사용했어. 또 윤동주는 항일 운동을 펼치다가 체포되어 해방을 바로 앞에 두고 눈을 감아 우리를 안타깝게 했지. 그럼 이들의 작품을 감상해 볼까?

한용운의 심우장

님의 침묵

님은 갔습니다. 아아, 사랑하는 나의 님은 갔습니다.
푸른 산빛을 깨치고 단풍나무 숲을 향하야 난
적은 길을 걸어서 참어 떨치고 갔습니다.
황금의 꽃같이 굳고 빛나든 옛 맹서는 차디찬 티끌이
되야서, 한숨의 미풍에 날어갔습니다.

조선 총독부가 꼴 보기 싫어 일부러 북향으로 집을 짓다니 대단한 애국심이야!

그날이 오면

그날이 오면, 그날이 오며는
삼각산이 일어나 더덩실 춤이라도 추고
한강물이 뒤집혀 용솟음칠 그날이,
이 목숨이 끊기기 전에 와 주기만 하량이면,

심훈의 소설 《상록수》의 배경이 된 충청남도 당진 부곡리

독립의 날만 온다면 난 무슨 일이든 할 것이오.

심훈

이육사

이육사 동상과 시비

광야
다시 천고의 뒤에 백마 타고 오는 초인이 있어 이 광야에서 목 놓아 부르게 하리라.

백마 타고 오는 초인은 독립을 뜻해.

빼앗긴 들에도 봄은 오는가
지금은 남의 땅 – 빼앗긴 들에도 봄은 오는가?
나는 온몸에 햇살을 받고 푸른 하늘 푸른 들이 맞붙은 곳으로 가르마 같은 논길을 따라 꿈속을 가듯 걸어만 간다.

대구 근대 문화 골목의 이상화 벽화

빼앗긴 들은 식민지가 된 우리의 상태를 말하고, 봄은 독립을 의미해.

참회록
나는 나의 참회의 글을 한 줄에 줄이자.
– 만 이십사 년 일 개월을 무슨 기쁨을 바라 살아왔던가.

윤동주가 좀 더 적극적으로 항일 운동을 펼치지 못한 자신을 부끄러워하며 쓴 시야.

1866년
병인양요가 일어나다

1876년
강화도 조약이 맺어지다

1882년
임오군란이 일어나다

1887년
경복궁에 전기가 들어오다

1894년
동학 농민 운동이 일어나다

1895년
단발령이 내려지다

1905년
을사늑약이 맺어지다

나라 밖에서 불꽃처럼 독립운동을 펼치다

⑩

3·1 운동을 계기로 중국 상하이에 세워진 대한민국 임시 정부는 우리 민족을 하나로 뭉치는 구심점이 되어 수많은 독립운동을 이끌었어. 애국 투사들이 폭탄 의거를 벌여 일제의 간담을 서늘하게 만드는가 하면 독립군은 국경 근처에서 목숨을 걸고 힘껏 싸웠지. 이러한 노력들이 모여 우리나라는 광복의 날에 한 발짝 다가가고 있었어. 불꽃처럼 강렬했던 나라 밖에서 일어난 무장 독립 투쟁에 대해 함께 알아보자.

1910년
한·일 병합 조약

1919년
3·1 운동이 일어나다

1932년
윤봉길 의사 의거

대한민국 임시 정부가 세워지다

"임시 정부를 수립하여 3·1 운동의 힘을 세계에 보여 줍시다."

3·1 운동이 일어난 뒤 나라 안팎에서 임시 정부가 세워졌어. 독립을 이루려면 좀 더 체계적인 조직이 필요하다고 절실히 느꼈기 때문이야. 나라 밖에서는 블라디보스토크에 대한 국민 의회가, 상하이에 대한민국 임시 정부가 세워졌어. 나라 안으로는 한성에 한성 정부가 세워졌지.

나라 안팎으로 임시 정부가 흩어져 있자, 곧 지도자들은 협상을 통해 하나의 조직으로 만들었어. 정부의 위치는 상하이로 결정되었지. 상하이는 일제의 영향력이 덜 미치는 지역인 데다 세계 여러 나라와도 교류하기 편리한 위치여서 독립 운동의 근거지로 삼기에 알맞았거든. 나라 이름은 대한 제국의 국명을 이어받아 대한민국으로 지었어.

드디어 1919년 9월 대한민국 임시 정부가 수립되었어. 임시 정부는 황제가 다스리는 나라가 아닌, 모든 국민이 주인이 된다는 민주주의 원칙에 따라 세워졌어. 대한민국 임시 정부는 최초의 민주 정부로서 역사적 의의가 뜻깊단다.

이제 임시 정부의 활동에 대해 알아볼까? 가장 대표적인 활동으로는 제1차 세계 대전 후 강대국이 개최한 파리 강화 회의에 김규식을 민족 대표로 보내 우리의 독립 의지를 알린 일이야. 또 이승만이 중심이 되어 미국 정부를 상대로 활발한 외교 활동을 펼쳤지.

한편 임시 정부는 독립운동 자금을 마련하기도 하고, 만주 지역에서 펼쳐지는 독립운동을 이끌기도 했어. 또 신문을 펴내 국내외 동포들에게 독립운동 소식을 알리는가 하면, 역사책을 펴내는 기관도 두었어. 그뿐만 아니라 1940년에는 한국광복군이라는 군대를 만들어 일제와 맞서 싸웠지.

그러나 안타깝게도 임시 정부가 나아갈 방향을

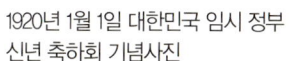
1920년 1월 1일 대한민국 임시 정부 신년 축하회 기념사진

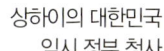
상하이의 대한민국 임시 정부 청사

놓고 민족 지도자들 사이에 의견이 엇갈렸어. 이러한 분열 속에서도 임시 정부는 김구의 지도 아래 광복의 그날까지 끊임없이 앞으로 나아갔단다.

무장 독립 투쟁을 펼치다

나라를 잃은 후에도 우리 민족은 희망을 잃지 않고 일제와 무력으로 맞서 싸울 준비를 차근차근 해 나갔어. 서간도에 독립운동 기지를 마련하고, 신흥 무관 학교 등을 통해 독립투사를 길러 냈지. 이러한 투쟁을 이끈 것은 3·1 운동의 정신이었어. 3·1 운동은 무장 독립 투쟁을 이끄는 정신적 힘이자, 나라 안팎에서 독립군이 조직되게 한 커다란 원동력이었어.

"일본군이다! 한 놈도 놓치지 마라!"

독립군 부대는 국경 근처에서 일본군을 공격하여 큰 승리를 거뒀어. 또 압록강과 두만강을 건너 국내로 들어와 일본군과 경찰서 등 식민 통치 기관을 공격해 일제를 긴장시켰지.

"하하, 봉오동에 제 발로 들어오다니! 너희는 절대 살아 돌아가지 못할 것이다."

1920년 6월, 일본군이 독립군을 쳐부수려고 만주 봉오동으로 공격해 왔어. 홍범도 장군이 이끄는 대한 독립군 등은 봉오동의 지형을 훤히 꿰고 있어서 일본군을 마음대로 주무르며 전투에서 이길 수 있었어. 이 전투는 독립군 역사상 일본에 맞서 처음으로 거둔 승리였어.

한편 봉오동 전투에서 진 일본군은 대규모 부대를 이끌고 독립군을 수색하러 나섰어.

"독립군을 숨겨 주지 못하게 한인 마을을 불태워 쑥대밭으로 만들어라!"

그러나 우리 독립군도 여러 부대가 힘을 합쳐 일본군을 맞을 준비를 하고 있었어. 드디어 1920년 10월, 김좌진이 이끄는 북로 군정서와 홍범도가 이끄는 대한 독립군 등이 연합하여 청산리 일대에서 대규모 일본군에 맞서 한바탕 전투가 벌어졌어.

독립군은 일본군에 비해 무기도 열악하고 군인 수도 적었어. 하지만 독립군에게는 반드시 이기고야 말겠다는 강한 정신력과 지형을 이용

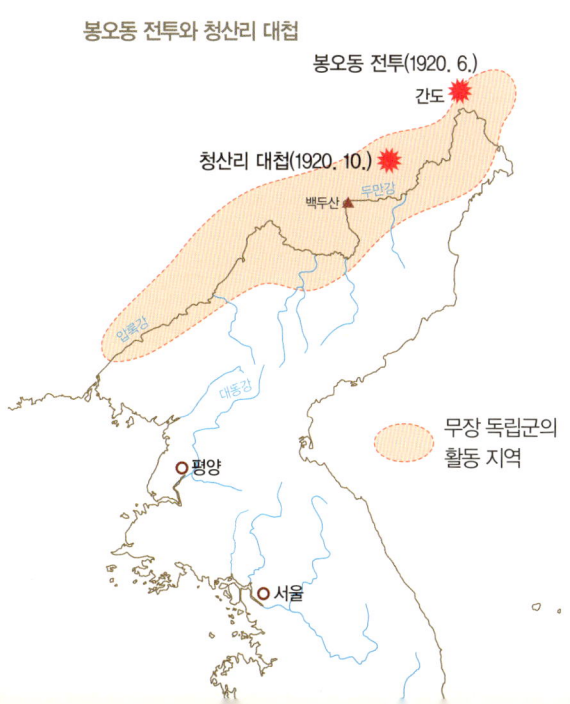

봉오동 전투와 청산리 대첩

하여 적절히 치고 빠지는 위대한 전술이 있었지.

전투 결과는 독립군의 압승이었어. 1920년 10월 21일부터 26일까지 엿새 동안 펼쳐진 이 전투를 청산리 대첩이라고 한단다. 이 전투는 독립군 전투 역사상 가장 큰 승리로 길이길이 기억되고 있지.

이후 독립군은 일제의 탄압과 물자의 부족 등 말로 표현하기 어려운 역경 속에서도 독립을 향한 서릿발 같은 의지를 불태워 조국의 등불이 되었단다.

의열단과 한인 애국단

무장 독립군 활동과 함께 애국지사들은 비밀 조직을 만들어 활발하게 의열 투쟁을 펼쳐 나갔어. 3·1 운동 이후 연해주에서는 노인들이 독립운동을 위해 대한 노인단을 조직했어. 단원 가운데 강우규가 대표적인 활약을 펼쳤지. 1919년 강우규는 조선 총독으로 부임한 사이토 총독이 서울역에서 마차에 오를 때 폭탄을 던졌어. 강우규는 안타깝게도 실패하여 사형을 당했지만, 식민지 통치 아래 고통받는 우리 민족에게 통쾌함을 안겨 주었어.

1919년 12월, 폭력 투쟁으로 독립을 되찾겠다는 의열단이 조직되었어. 단장은 김원봉이 맡았는데, 그는 나중에 대한민국 임시 정부의 군무부장이라는 중요한 직책을 맡게 된단다. 김원봉은 신채호에게 의열단원이 지켜 나갈 강령을 써 달라고 부탁했어. 신채호는 고심 끝에 1923년 '조선 혁명 선언'을 발표하지. 신채호는 이 선언서에서 외나무다리에 선 마음으로 폭력으로 일제와 맞서 싸우자고 주장했어.

대표적인 의열단원에는 김익상, 김상옥, 나석주 등이 있어. 김익상은 조선 총독부에, 김상옥은 종로 경찰서에 폭탄을 던졌고, 나석주는 동양 척식 주식

회사에 폭탄을 던졌지. 그중 김상옥과 나석주는 일본 경찰과 거리에서 싸우다가 스스로 목숨을 끊어 순국했어.

 1926년 임시 정부의 주석인 김구는 한인 애국단을 조직했어. 그 첫 의거가 이봉창 의거야. 이봉창은 1932년 1월 일본 도쿄에서 일본 국왕이 탄 마차에 폭탄을 던졌어. 의거는 안타깝게도 실패하고 이봉창은 체포되었어. 이 의거는 아쉽게도 성공하지는 못했지만, 일제에 우리 민족의 독립 의지를 강렬하게 각인시킨 계기가 되었어.

 그 밖에도 임시 정부의 주도 아래 수많은 의사들의 의거가 있었어. 그중에서 윤봉길 의사의 의거도 빼놓을 수 없는 쾌거였지.

"봉길 군, 정말 이 어려운 일을 할 수 있겠나?"

"물론입니다. 제 자식들까지 저 간악한 일본 놈들의 통치를 받게 할 순 없습니다. 맡겨 주십시오."

윤봉길의 결연한 눈빛을 바라보는 김구 주석의 눈이 촉촉해졌어. 그동안 김구는 한인 애국단을 꾸려 의열 투쟁을 벌이며 임시 정부에 활기를 불어넣으려고 안간힘을 쓰고 있었거든.

"쾅! 으악!"

윤봉길 의사가 폭탄을 터뜨린 후의 연단 모습

1932년 4월 29일, 윤봉길이 인파를 뚫고 나아가 단상에 폭탄을 던졌어. 당시 상하이 훙커우 공원에서는 만주 사변과 일본 국왕의 생일을 기념하며 축하연을 열고 있었어. 단상에는 식민지 침략을 지휘하는 일본의 고위 관리들이 여럿 자리하고 있었지.

폭탄이 터지자 축하연장은 순식간에 아수라장이 되었어. 윤봉길은 일본의 고관들을 다수 살상했는데, 이를 두고 중국의 총통 장제스는 "중국의 백만 대군도 하지 못한 일을 일개 조선 청년이 해냈다."며 크게 감격스러워했어. 이를 계기로 장제스는 대한민국 임시 정부를 적극 후원해 주었단다.

한국광복군을 조직하다

"우리의 원수 일본군을 쳐부수자!"

"와와, 와와!"

어때, 힘찬 독립군의 함성이 들리지 않니? 1930년대 독립군을 대표하는 부대로는 양세봉의 조선 혁명군과 지청천의 한국 독립군이 있었어. 한국 독립군은 중국군과 힘을 합쳐 큰 활약을 했지.

임시 정부를 이끌던 김구 주석은 일본이 곧 큰 전쟁을 일으킬 것이라며 임시 정부도 이에 대비하여 정식 주력 부대를 만들자고 했어. 1940년 김구는 중국의 지원을 받아 충칭에서 지청천을 사령관으로 하는 한국광복군을 조직했어. 여기에 일제에 맞서 중국군과 연합 작전을 펼쳤던 조선 의용대가 합류하면서 한국광복군의 전력은 더욱 강화되었지.

"일본군이라면 치가 떨립니다. 일본 군대를 탈출한 즉시 광복군을 찾아왔습니다. 저희를 받아 주십시오."

1940년 9월 17일 한국광복군 총사령부 성립 의식 기념사진

한국광복군은 중국 각지에서 활동하던 독립군이 합류하고, 일본 군대에 강제로 끌려갔던 한국 청년들이 탈출하여 들어오면서 점점 그 규모가 커졌어.

1941년 일본이 태평양 전쟁을 일으키자 대한민국 임시 정부는 일본에 선전 포고를 하고, 연합국과 함께 독립 전쟁을 펼쳐 나갔어. 한국광복군은 중국군과 협력하여 일본에 맞서는 한편, 멀리 인도와 미얀마 전선에서 영국군에 협력하여 포로들을 통역하는 임무를 맡기도 했어.

이제 제2차 세계 대전은 막바지에 다다르고 있었어. 일본과 손잡았던 이탈리아와 독일도 이미 항복한 터라 일본만 연합국을 상대로 버티고 있었지. 한국광복군은 이렇게 패망을 앞두고 있는 일제의 후방을 노려 국내 진입 작전을 계획하고 있었어. 하지만 아쉽게도 출정 명령을 기다리던 중 일제가 연합국에 항복하여 실행되지 못했지.

그러나 한국광복군이 일본을 상대로 싸운 덕분에 세계 열강은 한국의 독립 문제에 관심을 갖게 되었어. 1943년 카이로 회담에서 미국, 영국, 중국 3국은 일본에 대한 전후 문제를 논의했어. 3국은 일본이 항복할 때까지 맞서 싸우기로 다짐했지. 또한 일본이 패전할 경우, 일본이 침략한 모든 지역에서 일본 세력을 몰아내기로 결정했어.

이것은 제2차 세계 대전이 일어난 이래 연합국이 일본의 영토 문제에 대해 내린 최초의 공식적인 발표였어. 무엇보다 우리에게 반가웠던 결정은 적당한 시기에 알맞은 절차를 밟아 노예 상태에 있는 한국을 독립시킬 것이라는 결의였지. 1945년 포츠담 선언에서도 다시 한 번 한국의 독립을 확인했어. 이것은 끈질기게 한국광복군이 활약한 성과라고 할 수 있단다.

만주 사변과 윤봉길 의거

1931년 일본이 만주 사변을 일으켰어. 이 전쟁은 일본이 만주를 장악하려고 음모를 꾸미면서 시작되었어. 일본은 류타오후에 있는 남만주 철도를 파괴한 뒤 이를 중국이 벌인 일이라며 트집을 잡아 전쟁을 일으켰어. 일제는 일 년 만에 만주 전역을 점령하고, 1932년 3월 1일 허수아비 국가인 만주국을 세웠지. 만주국의 황제로는 청나라의 마지막 황제인 푸이를 세웠어.

중국은 이러한 사실을 국제 연맹에 호소했어. 국제 연맹은 일본군에게 철수하기를 권유했지만, 일본은 이를 거절하고 1933년 국제 연맹을 탈퇴해 버렸단다. 만주 사변을 승리로 장식한 일본은 신이 나서 축하연을 준비했어. 축하연 날짜는 일본 국왕의 생일인 4월 29일이었지.

윤봉길 의사는 이 축하연만을 기다리며 칼을 갈았단다. 승리에 들뜬 일제는 보기 좋게 한 방 먹었고 말이야. 우리는 이러한 일들을 돌아보며 역사는 꼬리에 꼬리를 물고 이어진다는 걸 알 수 있단다.

인물 박물관

의사와 열사

의사와 열사는 어떻게 다를까? 의사는 칼이나 총, 폭탄 등 무력으로 항거하여 의롭게 돌아가신 분을 말하고, 열사란 주로 맨몸으로 저항하여 순국하신 분을 뜻한단다. 일제 강점기 대표적인 열사에는 서대문 감옥에서 만세를 부르다 돌아가신 유관순 열사가 있어. 의사에는 어떤 분들이 있었을까? 연표와 함께 알아보자.

강우규
대한 노인단 소속
1855년 평안남도 덕천 출생

1919년 경성에 잠입하여 제2대 총독 사이토에게 폭탄을 투척했으나 실패했어. 대신 신문 기자, 군인, 일본 경찰 등 37명이 죽고 다쳤지. 체포되어 사형당했어.

1908년 · **1909년** · **1919년**

전명운
미국 한인 단체인 공립 협회 회원
1884년 서울 출생

러시아 땅 블라디보스토크를 거쳐 1905년 하와이로 이민한 후 1908년 샌프란시스코에서 친일파 미국인 스티븐스를 의거했어.

장인환
미국 한인 단체인 대동 보국회 회원
1876년 평양 출생

1904년 하와이로 이민하여 철도 노동자로 생활했어. 1908년 전명운의 의거에 잇따라 스티븐스를 의거하여 중상을 입혔어. 10년 장기 복역했지.

안중근
정천회, 일명 단지 동맹회 회원
1879년 황해도 해주 출생

학교를 설립한 교육 운동가, 사상가이자 의병을 지휘한 대한의군 참모 준장이야. 1909년 러시아 하얼빈에서 이토 히로부미를 저격하여 사형당했어.

이재명
공립 협회 회원
1887년 평안북도 선천 출생

1907년 이민한 하와이에서 귀국했어. 1909년 명동 성당에서 군밤 장수로 위장하고 있다가 이완용을 칼로 찔렀어. 체포되어 사형당했단다.

엄청나게 많은 의거가 있었네요!

김상옥
의열단 소속
1890년 서울 출생

스무 살 때 동흥 야학교를 설립한 교육 운동가야. 고향에서 3·1 운동을 주도하다가 붙잡혀 6개월을 복역했어. 의열단에 들어와 1923년 종로 경찰서에 폭탄을 던졌어. 일본 경찰과 대치하다가 자결 순국했지.

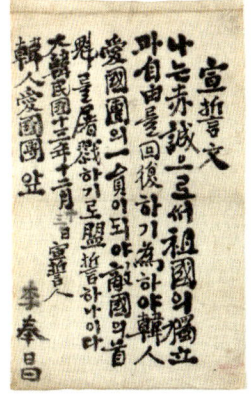

이봉창 의사 선언문
이봉창 의사가 일본 국왕을 폭탄으로 암살하기 직전에 거사를 맹세한 자필서란다.

이봉창
한인 애국단 소속
1900년 서울 출생

김구를 통해 히로히토 국왕 암살 훈련을 받고, 1932년 일본 도쿄에서 거사를 시도했으나 실패했어. 사형 선고를 받아 처형당했지.

1921년 · **1923년** · **1926년** · **1932년**

김익상
의열단 소속
1895년 경기도 고양 출생

교사로 지내다가 의열단 가입했어. 1921년 조선 총독부에 폭탄을 던져 나라 안팎의 이목을 집중시켰고, 1922년 상하이에서 일본 육군 대장 암살을 시도했지. 실패하여 일본 감옥에 무기수로 투옥되었어. 나중에 감형되어 출소했지만 일본 형사에게 암살되었지.

나석주
의열단 소속
1892년 황해도 재령 출생

신흥 무관 학교에서 군사 훈련을 받았어. 의열단에 가입하여 1926년 식산 은행과 동양 척식 주식회사에 폭탄을 던진 뒤 일본 경찰과 대치하다가 자결 순국했어.

윤봉길
한인 애국단 소속
1908년 충청남도 예산 출생

농민의 경제적 자립을 이끌고 문맹 퇴치에 앞장선 교육 운동가야. 1928년 부흥 야학원을 세우고 농민독본까지 썼지. 1932년 상하이 훙커우 공원에서 일본 국왕을 없애려고 폭탄을 던졌어. 거사 후 체포되어 사형되었어.

143

찾아보기

ㄱ

가갸날 125
가쓰라·태프트 밀약 76
간도 85, 110
갑신정변 40, 42, 43, 48, 55, 64, 92
갑오개혁 55~57, 99
강우규 136, 142
강화도 조약 27, 31, 36, 65
개화기 102
거문도 사건 49
건달불 91
고부 민란 52
공출 112
관민 공동회 67, 68, 71
광무 69
광무개혁 69~71
광주 학생 항일 운동 123, 125
《국어 문법》 100
국채 보상 운동 81, 96
국학 운동 99, 100
군국기무처 55
근대 교육 97
근대 국가 수립 운동 42
근대 학교 96, 97
근대화 57, 94, 96
근로 정신대 113
급진 개화파 29, 31, 40
김구 134, 137~139, 143
김상옥 136, 137, 143

김옥균 40~43
김익상 136, 143
김홍집 28, 29, 44, 54

ㄴ

나운규 126
농촌 계몽 운동 124

ㄷ

단발령 64, 65
당백전 18
대한 노인단 136, 142
대한 제국 68, 69, 71, 76~79, 86, 90, 101, 106, 123, 132
대한매일신보 78, 80, 81, 94, 96, 107
대한민국 임시 정부 45, 81, 122, 132, 133, 136, 139, 140
독립 협회 66~68, 71
독립당 40, 41, 43
독립문 66, 67
독립신문 67, 72, 73, 94, 100, 102, 103
독립운동 121, 122, 133, 134, 136
동문학 96, 97
동양 척식 주식회사 107, 108, 143
동학 농민 운동 50, 54, 55, 57
동학 농민군 53, 54, 59

ㄹ

러·일 전쟁 76, 77, 80, 94

러시아 공사관 66, 68

ㅁ

만국 평화 회의 78, 86
만민 공동회 67, 68, 71
만인소 30
만주 81, 82, 110, 133, 135
만주 사변 115, 139, 141
메이지 유신 43
명성 황후 38, 42, 48, 49, 62~64, 78, 85, 92, 94, 98
모던 걸 115
모던 보이 113, 115
묄렌도르프 38, 39, 41
무단 통치 106, 108, 120
무장 독립 투쟁 134
문화 통치 108, 109
민영익 32, 33, 41, 92
민영환 78
민족 말살 정책 111, 112
민족 문화 수호 운동 125
민족 분열 정책 108

ㅂ

박규수 16, 24, 40
박영효 39, 40, 42, 44
박은식 81, 100, 101, 126
방곡령 50
배재 학당 98, 100

베델 78, 96
베베르 48
별기군 29, 36, 37
병인박해 15
병인양요 13, 15, 16, 20, 21
보빙사 31~33, 91
봉오동 전투 135
비변사 11

ㅅ

사발통문 58, 59
산미 증식 계획 110
삼국 간섭 62
3·1 운동 108, 117, 120, 122, 123, 127, 128, 132, 134, 136, 143
서광범 32, 33, 40
《서유견문》 100
서재필 40, 42, 72, 73, 94
순종 79, 92, 123
시일야방성대곡 77, 94
신간회 125
신미양요 15, 16, 18, 20, 21, 30
신민회 81, 99, 106, 116
신채호 96, 100, 101, 126, 136
실력 양성 운동 124

ㅇ

아관파천 66
아리랑 126

안사람 의병가 84, 85
안중근 83, 142
안창호 81, 99
애국 계몽 운동 80
양기탁 78, 80, 81
양헌수 16, 21
여권통문 99, 101
연해주 13, 85, 136
영은문 66, 67
5·4 운동 122, 127
오페르트 도굴 사건 15
온건 개화파 29, 31
우금치 전투 54, 55
우정총국 41, 91
운요호 사건 24, 26
원산 학사 97
위정척사 운동 30, 65
유관순 122, 142
유길준 32, 64, 100, 103
6·10 만세 운동 123
육영 공원 97, 98
윤동주 127~129
윤봉길 138, 139, 141, 143
윤희순 84, 85
을미개혁 64, 91
을미사변 63~66, 92
을미의병 65, 66
을사늑약 77, 78
의열단 136, 143

이봉창 137, 143
이상설 77, 78, 86, 87, 115
이승훈 81, 99, 121, 124
이양선 12
이완용 62, 83, 142
이위종 78, 79, 86, 87
이육사 127~129
이재명 83, 142
이준 78, 86, 87
이토 히로부미 77, 79, 82, 142
2·8 독립 선언문 120
이화 학당 98, 99, 122
이회영 81
일본군 위안부 113
일제 강점기 108, 110, 113, 122, 125, 127
임오군란 37~39, 42, 50, 63

ㅈ

장제스 139
장지연 77, 94
전봉준 52~54, 58, 59
전주 화약 53, 54, 59
정미의병 84
정족산성 16, 21
제1차 세계 대전 109, 115, 127, 133
제2차 세계 대전 140, 141
제너럴 셔먼호 16, 24
제물포 조약 39, 44
제암리 사건 122

제중원 92
조선 물산 장려회 124
조선 의용대 139
《조선책략》 29~31
조선 혁명 선언 136
조선어 학회 126
주시경 72, 100, 125
중·일 전쟁 111, 115
중화민국 85
지석영 92, 100
지청천 139
집강소 54, 58, 59

ㅊ

찬양회 99
창씨개명 112
척화비 18
청산리 대첩 135, 136
청·일 전쟁 54, 62, 71
최익현 30, 31, 77
최제우 51, 57

ㅋ

카이로 회담 141

ㅌ

탁지아문 56
탐관오리 12, 50~52
태극기 44, 45, 82

태평양 전쟁 111, 115, 140
톈진 조약 42, 53
토지 조사 사업 107
통감부 77
통리기무아문 29, 37
통상 수교 거부 정책 13, 19
파리 강화 회의 127, 133
폐정 개혁안 54, 59

ㅍ

포츠담 선언 141

ㅎ

한·일 의정서 76
한국광복군 133, 139~141
한용운 121, 127, 128
한인 애국단 137, 138, 143
항일 문학 128
헐버트 77, 78, 98
헤이그 특사 78, 79, 86, 115
《혈의 누》 100
홍영식 32, 33, 40~42
환구단 69
황국 신민 서사 111, 112
황국 협회 68
황성신문 77, 94, 99, 103, 107
회사령 108
훙커우 공원 139, 143
흥선 대원군 10~15, 18, 19, 24, 25, 36~38, 40

사진 자료를 제공한 기관

국립중앙박물관 18쪽 당백전 | 30쪽 최익현 초상화 | 45쪽 데니 태극기 | 69쪽 고종 어진 | 143쪽 이봉창 의사 선언문
국사편찬위원회 140쪽 한국광복군 총사령부 성립 의식 기념사진
규장각한국학연구원 45쪽 1883년 태극기 | 63쪽 《명성황후국장도감의궤》 중 발인반차도
김포 시청 21쪽 문수산성
독립기념관 44쪽 박영효 태극기 | 67쪽 관민 공동회 기록화
동학농민혁명기념재단 55쪽 우금치 전투 기록화 | 58쪽 집강소 | 59쪽 사발통문
문화재청 45쪽 광복군 태극기 | 66쪽 독립문 | 96쪽 대한매일신보
북앤포토/코리아니티 97쪽 육영 공원
한글학회 100쪽 《국어 문법》 육필 원고

 공공누리에 따라 국립중앙박물관과 문화재청의 공공저작물 이용

사진 진행 – 북앤포토

사진 자료를 제공한 곳

북앤포토, 연합포토, 유로크레온, 위키피디아, 티씨엔미디어, 유설아(이상화 벽화)

＊이 책에 실린 모든 자료의 출처를 찾기 위해 최선을 다했습니다.
　허가를 받지 못한 일부 사진에 대해서는 저작권자가 확인되는 대로 게재 허락을 받고 사용료를 지불하겠습니다.